KB210989

꼭
해주고
싶은
말

발 행 일 초판 1쇄 2014년 9월 27일
저   자 류 래 신
발 행 처 도서출판 지혜로운
출판등록 2011년 11월 10일 제 327-2011-08호
주   소 부산광역시 동구 수정중로 38번길 8
연 락 처 010.2650.8744
이 메 일 ssaljuk@nate.com

ⓒ류래신, 2014 ISBN 978-89-968029-9-0

꼭 해주고 싶은 말

류래신 지음

지혜로운 books of wisdom

Contents

추천의 글

최 준 연_창원제일교회 담임목사. 창원기독교연합회 회장

류래신 목사의 곁에 있으면 모두가 행복해집니다. 아주 사소하여 그
냥 스쳐지나갈 수 있는 것들에서 우리가 느끼지 못하는 감동을 찾아
나누어주는 사람이기 때문입니다. 그가 이번에 엮은 책 『꼭 해주고 싶
은 말』을 읽어보니 사물을 바라보는 류래신 목사 특유의 섬세함과 그
의 긍정적인 에너지를 느낄 수 있었습니다.

또한 이 책에는 그가 사역하는 현장에서 성도들이 행복해하는 모습들
도 담겨있습니다. 이 젊은 사역자로 인해 우리 교계의 미래가 아름다
워질 것 같아서 마음이 무척 흐뭇하고, 가까운 거리에서 동역의 기쁨
을 나눌 수 있어 참 행복합니다.

박 훈 용_전주성결교회 원로목사. 성결교회 진흥원 이사장

『꼭 해주고 싶은 말』을 읽게 될 독자분들께 저는 다른 이야기를 하
기 전에 저자인 류래신 목사에 대하여 먼저 말하고 싶습니다. 그가 지

닌 영성이 높고 심오하고 탁월하기 때문입니다. 그의 영성은 많은 고난과 실패의 질곡을 지나면서 말씀을 붙들고 기도한 결과 형성된 그리스도의 증인으로서의 영성입니다. 그래서 그는 실제로 많은 사람들로부터 신뢰와 사랑을 받고 있습니다.

비전, 소망, 대가 지불, 집중, 실패, 십자가, 도전 등에 대한 이야기들을 그의 명쾌한 필체로 써놓았기에 그의 영혼에 농축되어 있는 영감들을 뿜어내는 여름 활천수라고 이 책을 표현하고 싶습니다. 이 활천수는 목마른 영혼을 적셔주고 오염된 영혼을 정화시킬 것이며 그리스도의 생명을 지니고 성장을 향해 몸부림치는 영혼들에게 좋은 자양분이 될 것입니다.

최 종 인_평화성결교회 담임목사, 서울신대 선교학 교수

류래신 목사를 만나면 가끔 깜짝 놀라곤 합니다. 본인이 들으면 서운할지 모르지만 나와 많이 닮아있기 때문입니다. 물론 얼굴은 그가 훨씬 잘생겼습니다. 그러나 남들이 어렵게 느끼는 것들에 주저없이 도전하는 적극적인 성품이나 맡겨진 모든 일들을 다 잘해내려는 욕심, 그

리고 남에게 주고 싶어하는 넉넉한 여유까지 꼭 닮아있습니다. 그런데 그에게는 내게 없는 장점도 많이 있습니다. 가장 큰 장점은 그의 밝은 에너지입니다. 그가 있으면 어두운 강의실도 밝게 느껴지고 활기가 돕니다. 아니, 그가 강의실에 들어오기 전, 복도에서부터 그의 목소리가 들리는데....참 밝습니다. 그래서 기분이 좋아집니다.

그런 그가 그의 첫 번째 책인『실패 껴안기』에 이어 이번엔『꼭 해주고 싶은 말』을 책으로 냈습니다. 그 책을 통해 그의 밝은 목소리를 독자 여러분들도 들을 수 있기를 바랍니다.

이 용 철_하늘비전교회 담임목사

저와 오랜 친구인 류래신 목사는 뜨거운 열정의 사람입니다. 학부와 대학원 시절, 늘 책과 함께 씨름하며 목회와 유학을 준비하던 그를 보며 그 성실과 열정이 부러웠습니다. 젊은 나이에 교회를 개척하여 사역을 하더니 지금은 조직교회에서 담임목사로 인정받고있는 그를 볼 때마다 '성결교단의 미래' 를 볼 수 있는 재목이라는 생각이 듭니다.

첫 책『실패 껴안기』를 통해서 저자의 만들어진 삶을 읽었다면 이번 책은 저자가 앞으로 만들고 싶은 신앙과 삶을 담고 있는듯 합니다. 열정과 긍정이 떠오르는 강한 사람이지만 하나님 앞에서는 무릎 꿇고 한 없이 울며 기도하는 그의 뒷모습을 친구인 제가 잘 알고 있기에 그의 이번 도전에도 아낌없는 박수와 환호를 보내고 싶습니다.

최 형 근_서울신학대학교 선교학 교수

그리스도인들에게 삶이란 대개 여행이나 여정 혹은 순례의 이미지로 묘사되곤 합니다. 류래신 목사의 『꼭 해주고 싶은 말』에 나오는 서른한 개의 짧은 이야기들은 아름다운 무늬장식 천처럼 우리의 삶의 순간순간들을 아름답게 수놓는, 우리 모두가 공유하는 이야기들일 것입니다.

이 책이 그리스도인으로서 길을 걸어가고 있는 많은 이들에게 자연스럽게 말을 걸고 의미있는 대화의 물꼬를 트는 길동무가 되어줄 것이라는 확신이 듭니다.

또한 이 책을 읽는 모든 독자들이 저자의 경험에서 우러나오는 삶의 이야기들을 통해 하나님의 뜻이 담긴 성경을 새롭게 만나고, 하루하루 고단하고 힘겨운 우리네 삶의 여정에서 새로운 활력을 찾게 되기를 바랍니다.

프롤로그

몇 해 전 많은 아버지들의 가슴을 뜨겁게 만든 랜디포시Randy Pausch 교수의 '마지막 강의' 라는 동영상을 보게 되었다.

2007년 9월, 카네기멜론 대학의 교수였던 그는 췌장암 말기로 시한부 판정을 받은 후 카네기멜론 대학 강당에서 4백여 명의 학생과 동료 교수들을 모아놓고 "당신의 어릴 적 꿈을 진짜로 이루기 Really achieving your childhood dreams "라는 주제로 생애 마지막 강의를 했다. 사실상 그 강의는 어린 세 자녀에게 남기는 젊은 아버지의 유언과도 같았다.

그런데 그가 왜 하필이면 '강의' 라는 형태로 아이들의 삶에 나침반을 남기고 떠났을까. 그 이유는 교수인 그가 가장 잘 할 수 있는 일이 바로 '강의' 였기 때문이다.

성경은 하늘나라를 본향으로 두고 살아가는 성도들의 삶은 나그네와 같다고 말한다. 천상병 시인은 그런 우리네 삶을 '소풍' 으로 표현했다. 그 소풍이 언제 끝날지 모르기에 어쩌면 우리 모두가 시한부 인생 이라고 해도 과언이 아닐 것이다.

이 소풍길에서 목사인 내가 아이들과 성도들을 위해 남겨둘 수 있는 나침반은 '설교'라는 생각이 들었다. 하지만 아무리 유익하고 좋은 내용이라 하더라도 너무 길고 딱딱한 설교 형태의 나침반은 수면제 대용이 될 것이 뻔하기 때문에 가능하면 짧고 쉽게 글을 쓰고자 애썼다. 그렇게 해서 경남기독신문과 교단지에 칼럼으로 연재된 글을 포함한 서른 한 개의 이야기를 엮어 세상에 내놓는다.

목사로서 항상 안타까운 것은 예수님을 믿는다고 하면서도 성도들의 삶이 변화되지 않는 것이다. "믿습니다!" 이 한 마디로 모든 사고 기능을 정지시켜버리는 편의주의적 신앙은 이제 멈췄으면 한다. 그 대신 말씀을 깊이 생각하고 그 말씀을 내 삶에 하나씩 적용하기 시작할 때 진정한 변화가 시작될 것이다. 아버지로서, 목사로서 꼭 해주고 싶었던 서른한 개의 이야기가 한 달 동안 당신의 삶을 조금씩 변화시키는 도구가 된다면 더할 나위 없이 좋겠다.

끝으로 남편의 글에 조언을 아끼지 않으며 늘 응원해 준 사랑하는 아내와 이 책을 만드는 원동력이 되어준 내 인생의 비타민 은서와 은샘

이, 아들을 위해 평생 기도에 헌신해 오신 어머니와 물심양면 도움을 아끼지 않은 형님 내외분, 사랑하는 은혜교회 성도들과 일일이 이름을 언급할 수는 없지만 항상 힘이 되어준 내 믿음의 동역자들, 마지막으로 부족한 글을 베스트셀러 작가의 글인 양 꼼꼼히 편집해준 도서출판 지혜로운 대표 권지혜 사모님께 심심한 감사의 인사를 전해 드리고 싶다.

'꼭 해주고 싶은 말' 이 어느 목사의 또 지겨운 잔소리가 아니라 자녀가 행복하길 바라는 아빠의 애정 어린 고백으로 그대들의 귓가에 들려지길.

2014년 가을 류래신 목사

01

 하나님은 **얼리어답터**를 찾으신다

얼리어답터 early adopter 라는 말이 있다. 새로운 제품이 나올 때마다 남들보다 먼저 구입해서 써야만 직성이 풀리는 사람을 뜻한다. 교회 안에도 얼리어답터가 꽤 많다. 주일 오후가 되면 삼삼오오 모인 곳에서 화장품 얼리어답터 자매들과 스마트폰 얼리어답터 형제들이 침을 튀겨가며 신제품 자랑에 여념이 없다.

나는 얼리어답터와는 거리가 멀지만 예전에 딱 한 번 그리될 뻔 한 적이 있었다. 요즘은 컴퓨터 문서를 엄지손가락보다 작은 USB에 넣어 가지고 다니는 것이 일반적인데 내가 미국유학을 떠난 2004년도만 해도 USB가 흔치 않았다. 손바닥 만한 사각형 하드디스켓을 사용하며 자주 잃어버리던 나에게 어느 날 한 미국인 친구가 USB라는 것을 살짝 보여주었다. 그래서 다음날 나는 한국인의 자존심을 걸고 당장 코스트코에 달려갔다. 거금 100불을 주고 최신형 버전인 1GB짜리 USB를 사서는 학교를 졸업할 때까지 자랑스럽게 목에 걸고 다녔다. 지금 만약 1GB짜리 USB를 목에 걸고 다닌다면 사람들의 비웃음을 한몸에 받을 수 있다. 더욱이 하드디스켓을 사용하는 사람은 눈 씻고 찾아봐도 없다.

우리들 대부분은 세상의 변화에 가능한 빠르게 적응하고 싶어 한다. 그런데 하나님이 주도하시는 변화에 반응하는 얼리어답터는 드물다. 성경에 등장하는 믿음의 선진들이 하나님께 쓰임 받은 이유는 그들이 하나님 앞에서 얼리어답터였기 때문이다.

하나님이 주도하시는 변화를 통해 성장한 대표적인 얼리어답터는 베드로였다. 성경을 읽어보면 베드로 형님 만큼 변화무쌍한 삶을 산 사람도 잘 없다. 그가 만약 어부로만 살았다면 그냥저냥 먹고 살만한 인생이었을 것이다. 그런 그가 세상을 변화시킨 믿음의 사도가 될 수 있었던 까닭이 무엇인가? 변화라는 부르심에 빨리 응답했기 때문이다.

변한다는 것은 '따름 following'을 전제로 한다. 한낱 어부가 위대한 사도가 될 수 있었던 첫 번째 이유는 그가 따라갔기 때문이다.

우리 인생에는 늘 두 가지 선택이 존재한다. 하나는 따라가는 것, 즉 변화를 선택하는 것이다. 부담스럽지만 대가를 지불하며 따라갈 가치가 있는 것이다. 다른 하나는 머무르는 것, 즉 변화하지 않기로 선택하는 것이다. 익숙하고 편해 보이지만 별 의미가 없는 것이다. 대부분의 사람들은 후자의 선택에 익숙하다.

나이트클럽에서 상주하는 것이 인생에 별 도움이 안 된다는 것을 알면서도 젊음을 핑계로 그 곳의 죽돌이, 죽순이로 사는 젊은 영혼들이 많다. 안주하기 위해 변명하다보면 스스로 그 변명에 설득당하고 만다. 나이트클럽의 백댄서가 꿈이 아닌 이상, 하나님 안에서 미래의 내 모습을 그리며 그에 합당한 변화를 선택해야 한다.

예수님을 따라가는 길을 선택한 베드로는 '반석' 이라는 칭호를 얻으며 변화된 삶을 살기 시작했다. 그런 그에게 어느 날 위기가 찾아온다. 일명 "닭 사건" 으로써, 호언장담하던 베드로가 닭이 울기 전 예수님을 세 번 부인하는 장면이 마태복음 26장에 나온다. 그 결과 고통 속에 울부짖던 베드로에게 부활하신 예수님이 직접 찾아오셔서 "네가 나를 사랑하느냐?" 라고 세 번 물으시며 위로하시고는 진정한 리더로서의 사명을 부여하신다. 요한복음 21장의 일명 "로망스 사건" 이다.

여기서 우리는 중요한 사실을 한 가지 발견할 수 있다. 변화는 기쁨의 형태만이 아니라, 고통의 형태로도 찾아올 수 있다는 것이다. 그것은 입시 실패나 사업 실패일 수도 있다. 예기치 못한 가정의 몰락이나 사고일 수도 있다. 철썩 같이 믿던 이의 배신일 수도 있다. 하지만 기억하라. 고통스러운 위기는 베드로를 진국인생으로 변화시키는 기회가 되었다. 주옥같은 설교를 통해 오순절 성령강림 사건에 앞장서고 수많은 기사와 표적을 일으키는 사도행전 2장의 그 아름다운 리더는 더 이상 과거의 사고뭉치 다혈질 베드로가 아니었다.

갈라디아서 4장 19절 말씀에 보면, "나의 자녀들아 너희 속에 그리스도의 형상을 이루기까지 다시 너희를 위하여 해산하는 수고를 하노니" 라는 표현이 나온다. '형상이 이루어지다' 라는 말은 '메타몰폰metamorphon' 이라는 헬라어 단어로, 애벌레가 번데기를 거쳐 마침내 나비가 되는 힘겨운 과정을 표현하는 말이다.

번데기가 나비가 되기 위해서는 바늘구멍보다 약간 더 큰 구멍으로 비집고 나오는 고통을 참아야만 한다. 찰스 코언이라는 유명한 생물학자는 그러한 고통에 안타까움을 느껴 번데기의 구멍을 가위로 잘라주었다고 한다. 그 결과 나비들은 넓은 구멍으로 쉽게 세상을 맛보았지만, 기쁨은 잠시였다. 그가 도와준 나비들은 날지 못한 채 땅으로 떨어져 버렸고, 날개 역시 스스로 탈바꿈한 나비보다 아름답지 못했던 것이다.

진정한 변화는 유충이 나비로 변하는 것처럼 고통을 이겨내는 과정이 반드시 수반된다. 하나님께서 당신 앞에 이 책을 두신 이유는 당신의 삶에 변화가 필요하기 때문이었다.

스마트한 요즘 세상에 책을 읽는다는 것 자체가 당신에게는 고통의 시작일 수가 있다. 나아가 책을 읽다가 진지하게 마주하게 될 당신의 맨얼굴이 고통일 수도 있고, 새로운 가치들을 당신의 삶에 하나씩 적용해 나가는 과정이 고통스러울 수도 있다.

하지만 나비의 유전자를 몸 속에 지니고 있는데도 변화의 고통이 두렵다고 계속 애벌레로 살아갈 것인가? 그게 아니라면 빠르게, 확실히 변화의 과정에 순종하는 얼리어답터가 되자. 베드로가 마침내 아름다운 나비가 될 때까지 포기하지 않았던 예수님의 사랑이 변화해 가는 당신과 함께할 것이다.

생각해보기

1. 하나님이 주도하시는 변화 앞에서 당신은 어느 정도의 얼리어답터인가?
2. 당신의 변화를 막는 문제점은 구체적으로 무엇인가?

02

 너 **자신**을 알라

'알이 스스로 깨어지면 병아리가 되지만, 남의 손에 의해 깨지면 계란이 된다' 는 말이 있다. 알 속의 병아리가 살아 움직이는 생명체가 되려면 반드시 껍질을 깨고 나오는 변화를 선택해야 한다는 뜻이다. 그러나 만약 스스로가 아닌 타인의 손에 의해 깨어진다면 그 순간 병아리는 밥상 위 계란프라이가 되고 만다. 변화는 이렇게 병아리의 생사를 가르는 것이다.

우리 삶도 마찬가지다. 나를 안주하게 만드는 편하고 익숙한 습관, 환경, 통념의 틀을 뛰어넘어야 제대로 살 수가 있다.

출애굽기 3장에는 하나님께서 호렙산에서 모세를 부르는 장면이 나온다. 우리는 이 장면을 '소명' 또는 '비전' 으로의 부르심이라고 말하곤 한다. 하나님께서 모세에게 주신 소명은 '애굽으로 돌아가서 하나님이 명령하신 그 일을 하라는 것' 이었다. 그런데 모세는 처음에 이 명령을 강하게 거부했었다. 왜 거부했을까? 여러 가지 이유가 있겠으나 모세의 거절은 한마디로 말한다면 '변화에 대한 거부' 였다.

애굽의 왕자였던 모세는 처음에는 불편하기만 했던 미디안 광야에 40년 동안 적응해온 결과 이제는 그 곳이 제2의 고향처럼 익숙해졌다. 변화의 고통을 맛본 그였기에 힘겹게 얻은 평온한 삶을 갑자기 바꾸고 싶지 않았을 것이다. 그런데 또다시 미디안 광야를 뒤로 하고 자신이 도망쳐 나온 애굽으로 되돌아가라니. 심지어 선두에 서라니. 그는 두려웠고 하나님의 명령을 이수할 자신이 없었다. 변화의 기로 앞에서 자신에게 익숙한 습관, 환경, 통념의 틀을 극복할 수 없다고 생각한 것이다.

하나님은 그런 모세에게 뱀이 되는 지팡이와 나병이 걸렸다가 낫는 손을 보여주시며 강력하게 '변화' 를 촉구하셨다. 그것이 하나님의 위대한 구원사역을 이룰 기회임과 동시에 모세 역시 진정한 삶을 살 수 있는 유일한 길이었기 때문이다. 결국 모세는 자신의 힘으로는 할 수 없지만 하나님의 능력으로는 할 수 있다는 진리를 깨닫고 변화를 선택한다. 변화의 기로에서 미끄러질 뻔 했던 모세가 잘 한 것은 바로 그런 '주제 파악' 이었다.

'주제 파악' 이란 다른 말로 하면 하나님 앞에서 자기 자신을 객관적으로 볼 수 있는 눈을 의미한다.

10년 전 추석 연휴 때 가족들과 함께 노래방에 간 적이 있다. 모두가 망설이고 있는데 갑자기 형님이 먼저 한 곡 뽑겠다고 나섰다. "내가 원래 강변가요제를 나가려고 했잖아." 라는 말과 함께 형님이 노래를 시작하는데... 아뿔싸, 이게 웬 일인가? 전형적인 돼지 목청의 소유자였던 것이다. 매너상 모두한 곡은 끝까지 듣고 박수까지 쳐주었다. 그러자 형님은 굉장히 으쓱한 모습으로 자리에 앉더니 그때부터 식구들이 노래를 못 찾고 있으면 자신이 부르겠다고 난리를 치면서 노래 시작 버튼을 눌러댔다. 이후로 지금까지 우리 가족 모임에서 노래방은 금기시되고 있다.

성경이 우리에게 '죄' 에 대해서 말씀하시는 이유가 무엇일까? 또 '십자가의 은혜' 에 대해서 말씀하시는 이유는 무엇일까? 많은 인물들이 쓰러지고 넘어지고 회복되는 과정을 생생하게 기록해 놓은 이유가 과연 무엇일까? 바로 '주제 파악' 을 하라는 것이다. 하나님이 없이는 아무것도 할 수 없다는 주제를 파악하는 인간, 연약함을 인정할 줄 아는 인간, 변화도 하나님의 도우심이 없다면 불가능하다는 사실을 인정하는 자가 복된 자, 형통한 자가 될 수 있는 것이다.

모세의 뒤를 이어 지도자가 된 여호수아 역시 이 사실을 너무도 잘 알고 있었다. 자신의 주제로는 가나안 땅에 정착할 수 없음을 알았다. 요단강을 건널 수 없다는 사실을 알았다. 그래서 그가 선택한 변화가 무엇이었던가? '하나님의 말씀' 앞으로 나온 것이다. 그 말씀 앞에 부복俯伏한 결과 그는 변화 앞에서 모세보다 더욱 담대한 반응을 보이게 되었다.

변화를 꿈꾸고 있는가? 그렇다면 먼저 내 자신이 어떤 존재인지 주제를 파악하라. 인정하고 싶지 않은 나의 실체實體를 발견할 때 두려워서 포기하고 싶을지도 모른다. 그러나 바로 그때 여호수아가 택한 '믿음의 방법'을 취해야 한다. 하나님의 말씀 앞으로 나오라. 그 순간 변화를 가능케 하는 담대함이 생길 것이다.

생각해보기

1. 변화를 위해 당신의 주제를 파악할 준비가 되었는가? 하나님 앞으로 당신의 연약함을 가지고 나가라.
2. 만약 하나님께서 당신에게 회개를 촉구하신다면 지금 당장 그렇게 하라.

03

 ## 꿈꾸는 자의 필요조건

몇 년 전 어느 날, 청년부 회장이 어느 날 씩씩대며 나를 찾아오더니 "목사님! 더러워서 이 짓 못하겠어요!" 라고 토로했다. 흥분을 자제시키고 "뭔 짓을 못하겠니?" 라고 묻자 이번에는 이 녀석이 닭똥 같은 눈물을 뚝뚝 흘리며 그 간 청년 회장을 하면서 고생했던 이야기들을 쏟아내기 시작했다. 찬찬히 이야기를 듣던 내가 "개똥아, 리더는 아무나 하는 게 아냐!" 라고 하자 위로를 기대했던 녀석의 눈이 곧 개구리 왕눈이처럼 커졌다.

나는 곧 리더가 가져야 할 몇 가지 삶의 원칙들에 대해서 말해 주었다. 결단코 은혜로만 할 수는 없는 자리, 자신의 한계에 도전하는 자리가 바로 꿈꾸는 자의 자리, 리더의 자리이다. 사실 피 끓는 젊은이들이 한 사람을 리더로 인정하고 순종하는 것은 '만화책' 혹은 '깍두기 형님들의 세계' 에서나 쉽게 볼 수 있는 장면일 뿐이다. 비단 청년부 회장의 자리만 그런 것이 아니다. 우리가 교회에서 직분을 맡거나 직장 생활을 할 때 모든 것이 '은혜로만' 진행되는 것이 아니라는 현실은 우리를 당황스럽게 하곤 한다.

그렇다면 어떻게 해야 진정한 리더가 될 수 있을까? 그것은 바로 자신이 어떤 사람인지 제대로 발견하는 것, 즉 '바른 정체성'에서부터 출발한다. 기억상실증이 아닌 이상 내가 누군지도 모르는 사람이 어디 있느냐고 의아해 하는 독자들이 있을 테지만, 의외로 많은 사람들이 자기 자신에 대해 모른 채 리더의 자리에 앉아 있다. 오죽하면 소크라테스의 "너 자신을 알라"가 명언이 되었겠는가.

예레미야 선지자도 처음에 주제 파악이 덜 된 사람들 중 하나였다. 예레미야 1장 6절 말씀에 그 근거가 있다. 모태에 짓기도 전에 그를 알고 있었다고 말씀하시는 하나님의 부르심 앞에서 예레미야는 "슬프도소이다 주 여호와여 보소서 나는 아이라 말할 줄을 알지 못하나이다"라고 대답한다. 만약 지금 당장 우리가 이런 식으로 주님의 음성을 듣게 된다면 백 년 된 뱀이라도 잡아먹은 것처럼 온 몸에 힘이 불끈 솟을 것만 같다. 하지만 예레미야는 슬프다고 말하고 있다. 내 안을 들여다보고 내 밖을 내다보아도 희망이 보이지 않는다는 것이다.

그 이유를 알기 위해서는 일단 그가 처한 환경을 먼저 살펴볼 필요가 있다.

이스라엘 민족이 몰락하게 되는 암울한 현실에서 자기가 누구이며 무엇을 해야 하는지 발견하는 것은 쉬운 일이 아니었다. 오늘날도 이런 예를 무수히 찾을 수 있다. 교회를 백날 다녀도, 신앙생활을 몇 십 년 해도 내가 누구인지 모르는 사람들이 많다. 내가 견뎌온 어려운 가정사, 말할 수 없는 실패의 경험들, 분주한 삶의 모습, 주변 사람들의 평가들로 인해 내가 누구인지, 무엇을 해야 하는지를 발견하지 못한 채 살아가는 인생들이다. "나는 아이라" 는 이 말에는 "나는 뭘 해도 미숙하고 뭘 해도 실패할 것 같아요" 라는 의미가 담겨져 있다.

이렇게 두려움과 실패감에 휩싸여 '아이로서의 정체성' 을 가지고 있는 우리들에게 하나님은 이렇게 말씀하신다. "너는 아이라 말하지 말고 내가 너를 누구에게 보내든지 너는 가며 내가 네게 무엇을 명령하든지 너는 말할지니라 너는 그들 때문에 두려워하지 말라 내가 너와 함께 하여 너를 구원하리라 렘 1:7~8" 하나님 앞에 서는 자만이 진정한 자신을 발견할 수 있다. 진정한 정체성은 꿈꾸는 자의 필요 조건이다.

여호와께서 손을 내밀어 내 입에 대시며 여호와께서 이르시되 보라 내가 내 말을 네게 입에 두었노라 보라 내가 오늘 너를 여러 나라와 여러 왕국 위에 세워 네가 그것들을 뽑고 파괴하며 파멸하고 넘어뜨리며 건설하고 심게 하였느니라 (렘 1:9~10)

자신에 대해 잘못된 자아상을 가지고 부정의 언어를 사용하던 예레미야는 하나님을 만났기에 일그러진 자아상을 바로 세웠고, 결국 명확한 비전을 가진 이스라엘의 리더가 되었다.

바른 정체성이 없는 사람은 인생에 의욕이 없다. 꿈을 잃고 자포자기한 사람들에게 물어보라. "당신 왜 이렇게 살아요?" 대답은 뻔하다. "나도 몰라요. 그냥 이대로 살다가 죽을 거예요."

물론 이들에게도 처음에는 꿈이라는 로켓이 있었을 것이다. 그러나 그 로켓을 쏘아 올릴 수 있는 정체성이라는 연료가 없었기에 그들의 로켓은 녹이 슬고 말았다. 하루의 삶이 끝나고 지는 태양을 볼 때 드는 당신의 생각은 무엇인가? "아휴, 오늘도 지겨운 하루가 끝났군. 빨리 집에 가서 먹고, TV 보고, 실컷 자야지." 인가, 아니면 "와, 오늘도 벌써 하루가 끝났네. 집에 가서 아이들하고 신나게 놀아 주고 얼른 내일 일을 준비해야겠다." 인가? 만약 전자라면 시급히 주님께서 바른 정체성을 깨닫게 해주시도록 간구하며 인생을 새롭게 준비해야 할 것이다.

생각해보기

1. 당신은 누구인가? 어떤 사람이 되고 싶은가?

2. 최근 당신의 인생에 의욕이 없고 희망이 없다면 그 이유가 무엇인가?

3. 예레미야 1장을 묵상하고 당신이 가져야 할 바른 정체성에 대해 기록해 보라.

04

 너는 **특별**하단다

태권도 도장에 다녀온 큰 딸아이의 얼굴 표정이 영 안 좋다. 아니나 다를까 저녁식사를 하는 동안 내내 무슨 할 말이 있는 것처럼 머뭇거리던 아이가 어렵게 말을 꺼냈다. 태권도를 그만두고 싶다는 것이다. 내가 이유를 묻자 아내가 눈을 찡긋거리더니 아이를 재운 후에야 이야기를 꺼낸다.

"태권도 도장에서 남자 아이들이 은서를 자꾸 놀리나 봐요."

순간 나도 모르게 버럭 화를 냈다.

"어떤 녀석들이 감히 내 딸을 건드려? 내일 당장 가서 박살을 내줄 거야! 이 노무 쉐리들이..."

아내는 그런 나를 말린다.

"여보! 은서가 왜 쉽게 말을 못하고 망설였는지 아세요? 아빠가 지금처럼 무섭게 화를 낼 것 같아서 그랬던 거예요. 제가 내일 가서 관장님께 말씀드려 조치하도록 할게요. 당신도 예전에 여자애들 많이 괴롭혔다면서요."

"오. 주님! 제가 그 죄 값을 지금 치루는 겁니까?"

유구무언이었던 나는 하나님 앞에서 코흘리개 시절의 잘못들을 회개하며 밤새 잠을 설쳤다. 그리고 새벽예배에 다녀온 후 아침밥을 먹으면서 딸아이와 이런 저런 이야기를 나눴다. 아빠에게 있어서 은서가 어떤 존재인지 최대한 아이의 눈높이에서 표현해주고 싶었다.

"은서야! 너는 아빠에게 있어서 전부야. 아빠는 너에게 뭐든지 다 해줄 수 있어. 문제나 어려움이 생기면 아빠가 다 해결해 줄 테니까 걱정하거나 염려하지 마. 아빠는 너의 영원한 팬이야. 딸랑 딸랑! 은서 파이팅!"

기분이 좋았던지 아이는 씩 웃으면서 학교로 갔다. 그 날 저녁 태권도 도장에서 돌아온 은서의 모습이 의기양양했다.

"아빠! 관장님이 그 애들 엄청 무섭게 혼내고 벌도 세웠어요. 어떤 애는 울기까지 했어요. 이제 내 근처에도 오지도 않아요."

성경은 우리가 알고 믿고 의지하는 하나님 아버지가 어떤 존재인지에 대한
이야기로 가득 채워져 있다. 하나님 아버지가 누구인지를 알고 예수 그리
스도 안에서 그 분과의 관계가 바르게 정립되면 우리는 성경이 정죄나 비판
의 내용이 아니라 나를 향한 아버지의 사랑과 격려와 은혜의 내용임을 알
게 된다. 말하자면 성경은 내가 누구인지를 명확히 가르쳐 주는 '사랑의 편
지' 인 것이다.

예수님과 나의 관계가 아버지와 아들, 아버지와 딸이라는 사실을 고백하며
사는 이들은 우리가 세상의 소금과 빛이라는 사실을 안다(마 5:13-14). 또한
우리가 하나님의 자녀이고(요 1:12), 그리스도의 친구며(요 15:15) 열매를 맺도
록 그리스도께서 택하신 사람인 동시에(요 15:16), 하나님의 자녀인 우리는 그
분이 내 영적인 아버지이시기에(롬 8:14-15; 갈 3:26; 4:6), 그리스도의 공동 상
속자로 하나님의 기업을 물려받을 수 있는 존재임을 알게 될 것이다(롬 8:17).

어디 그뿐인가? 우리는 새로운 피조물이고(고후 5:17), 하나님의 피조물로, 그
리스도 안에서 그의 일을 하도록 거듭난 사람이며(엡 2:10), 하늘의 시민인 동
시에 하늘에 앉을 수 있는 자이다(빌 3:20; 엡 2:6). 한 마디로 말하자면 우리의
신분은 그분의 택하신 족속이요, 왕 같은 제사장이요, 거룩한 나라요, 하나
님의 소유된 백성인 것이다(벧전 2:9-10).

그 날 밤 딸아이에게 말했다.

"은서야! 너는 하나님께서 아빠와 엄마에게 주신 최고의 선물이고 이 땅에서 하나님의 자녀로 마음껏 누리며 축복의 통로로 쓰임받을 수 있는 존재란다. 힘들 땐 아빠가 이 어깨를 빌려 줄테니 걱정마라. 아빠는 늘 네 옆에 있단다."

그리고는 곤히 잠든 딸아이의 모습을 보며 이렇게 기도했다.

"아빠 하나님! 당신께서 제게 늘 신실한 아버지이시듯, 이 아이도 우리 하나님 아버지가 그런 분임을 기억하게 하소서. 우리 딸들이 어떤 상황 속에서도 '나는 아주 특별한 존재' 라는 사실을 잊지 않고 살게 해 주소서."

생각해보기

1. 하나님 안에서 당신이 어떤 존재인지에 대해 명확한 정체성을 가지고 있는가?

2. 위에 언급된 성경 구절들을 기록해서 눈에 잘 보이는 곳에 붙여두고 날마다 소리 내어 읽어보라.

05

 두려움을 극복하는 법 1

하나님께서 하시는 일은 모두 다 완벽하다. 그래서 그분이 처음 만드신 세상은 완벽한 곳이었다. 그 곳에 창조의 정점인 인간을 만드셨는데, 하나님의 형상을 따라 만드셨다. 인간도 원래는 완전한 존재로 지음받았던 것이다. 그런데 죄가 세상에 들어온 이후에는 완벽한 것도 없고, 완벽한 곳도 없게 되었다. 나도 불안하고 너도 불안하고 세상도 불안하다. 이런 두려움은 우리가 꿈을 위해 도전하는 것을 막을 뿐 아니라 일상생활마저도 무력하게 만든다. 암세포를 수술하지 않은 채 각종 영양제만 먹으며 스스로 건강하다고 생각하는 환자를 상상해 보라. 눈에 보이지 않지만 천천히 우리 삶을 소멸시키는 두려움을 다루지 않는 삶은 그와 같다.

그렇다면 암세포와 같은 두려움을 어떻게 극복할 수 있을까? 첫째, 하나님과의 교제를 회복하게 되면 두려움은 사라지게 된다. 창세기 3장 말씀에 보면 아담과 하와가 선악과를 따먹고 숨는 장면이 나온다.

그들이 그 날 바람이 불 때 동산에 거니시는 여호와 하나님의 소리를 듣고 아담과 그의 아내가 여호와 하나님의 낯을 피하여 동산 나무 사이에 숨은지라 여호와 하나님이 아담을 부르시며 그에게 이르시되 네가 어디 있느냐 이르되 내가 동산에서 하나님의 소리를 듣고 내가 벗었으므로 두려워하여 숨었나이다 (창 3:8~10)

인간에게 주어진 가장 놀라운 특권은 바로 하나님과 교제를 나눌 수 있다는 것이었다. 하지만 죄를 택한 인간은 무한하신 하나님과 동행하며 누리는 놀라운 진리에 대해 거부하기 시작했다. 더 이상 그분을 믿으려 하지도 않았다. 그러한 죄의 결과가 두려움이었다.

지금까지 나와 하나님과의 관계를 한 번 생각해보라. 여기서 말하는 관계란 신앙생활을 해 온 기간을 의미하는 것이 아니다. 현재 내가 가진 직분을 말하는 것도 아니다. 과거의 어느 시점에 반짝 은혜를 받았던 사건은 더더욱 아니다. 그 관계는 바로 '과거로부터 지금까지 이어져 온 나와 하나님 사이의 친밀함' 을 의미한다. 당신은 하나님과 어떤 관계인가? 통성명만 하는 사이인가? 길거리에서 마주치는 이웃처럼 습관적으로 목례하는 관계인가? 아니면 특별새벽기도회 때 가끔 마주치는 신문배달부처럼 만나도 그만 안 만나도 그만인 관계인가?

예전에 아이들을 데리고 워터파크에 다녀온 적이 있다. 당시만 해도 아이들이 어려서 물에 대한 공포와 두려움이 있었다. 큰 맘 먹고 간 곳이었기에 이왕이면 좀 더 넓고 놀이기구도 많은 코너에서 아이들을 놀리려고 무던히 애를 썼다. 그런데 아이들은 괘씸하게도 이 아빠를 안 믿고 자꾸만 자기들의 발이 닿는 목욕탕 욕조만한 곳에서만 놀겠다고 우기는 것이 아닌가? "아빠를 믿어봐. 아빠 옆에 꼭 붙어 있으면 돼." 라고 몇 번이나 말했지만 끝내 아이들은 그 넓고 다양한 공간을 본체만체하고 얕은 공간에서만 놀다 왔다. 아빠를 믿고 맡기지 못했기 때문이다. 그러나 몇 해가 지난 지금은 수영장에 가면 아이들이 먼저 가장 깊은 곳으로 가자고 재촉한다. 깊은 물 속이더라도 "우리 아빠가 내 옆에서 나와 이야기하고 나를 지켜 주고 있기 때문에 나는 괜찮아!" 라는 신뢰와 친밀감이 몇 년의 세월을 더 거치며 깊어졌기 때문이다. 내가 맡기지 않으면 두려움은 사라지지 않는다. 하나님 아빠와의 거리를 좁혀라. 그분과 단절했던 대화를 시작하라. 그 분은 늘 나와 이야기하고 싶어서 안달이 나신 분이다.

네가 물 가운데로 지날 때에 내가 너와 함께 할 것이라 강을 건널 때에 물이 너를 침몰하지 못할 것이며 네가 불 가운데로 지날 때에 타지도 아니할 것이요 불꽃이 너를 사르지도 못하리니 (이사야 43:2)

생각해보기

1. 나를 불안에 떨게 만드는 사건과 대상은 무엇인가? 그 두려움의 원인은 무엇이라고 생각하는가?

2. 하나님과 친밀한 관계를 회복하기 위해서 지금 내가 이 자리에서 할 수 있는 그 일이 무엇인가?

06

 **두려움**을 극복하는 법 2

내가 가르쳤던 한 청년의 이야기다. 그 자매는 집에서 잠을 잘 때조차 불을 켜 둘 정도로 혼자 있는 것을 무서워했다. 어느 날 이야기를 나누던 중 혼자 있는 것을 왜 그렇게 두려워하는지 묻자 자매는 자신의 어린 시절 경험담을 이야기해 주었다.

아주 어렸을 때부터 자매의 가정에는 불화가 끊이지 않았다. 아빠는 거의 매일 술에 취해 들어와 엄마와 심하게 다투었다. 불안과 공포가 그 자매의 일상에 스며들었다. 그러던 어느 날 학교에 갔다 와보니 엄마가 집에 안계시는 것이었다. 동생과 함께 밤새도록 엄마를 기다렸지만 엄마도 아빠도 집에 들어오지 않았다. 삼 일을 밤낮으로 동생과 단둘이 컴컴한 집 안 구석에서 울며 엄마를 기다렸다고 했다.

다행히도 우연히 아이들을 발견한 동네 주민의 신고로 인해 고아처럼 방치

되는 사건은 일어나지 않고 잘 마무리되었지만 그 때부터 이 자매는 어디서 든 혼자 있는 것에 대해서는 병적인 두려움을 갖게 되었다고 한다.

어떻게 해야 이런 두려움을 뛰어넘는 삶을 살 수 있을까?

그 두 번째 답은 '성경 속에 있는 하나님의 사랑의 속삭임에 귀 기울이라' 는 것이다. 성경에 나와 있는 하나님의 말씀을 날마다 묵상하는 것은 두려움을 이기는 가장 확실한 방법이다.

요한복음 14장 18절에는 "내가 너희를 고아와 같이 버려두지 아니하고 너 희에게로 오리라" 는 말씀이 있다. 죄는 우리를 고아와 같은 상황으로 만들 었다. 죄로 인해서 하나님과의 교제가 깨졌고, 완벽한 에덴동산에서 쫓겨난 아담과 하와는 수고하고 땀 흘리며 유리하는 삶을 살았다.

낯선 환경에서 살아남아야 했던 아담과 하와의 심정을 상상해 보라. 얼마 나 두려웠겠는가? 두려움이 엄습해 올 때마다 에덴동산에서 누렸던 하나님 의 사랑과 은혜를 그리워하며 자신들이 저지른 죄를 뼈아프게 후회했을 것 이다.

원죄 이후 사람은 누구나 고아처럼 버려진 두려움을 갖고 살아간다. 평상시 에는 무의식 속에 잘 숨어있던 그 두려움은 인생의 어떤 사건을 통해 고개를 내밀기도 하고 때로는 날마다 버림받은 감정 속에 사는 사람도 있다. 그렇게 고아와 같이 된 우리를 버려두지 않으시려고 하나님은 스스로 신의 자리에서 내려와 십자가에 달려 돌아가셨다. 그뿐 아니라 보혜사 성령님을 통해 지금도 우리와 항상 함께 하기를 원하신다.

혹시 "그 사랑이 뭐가 그리 대단해? 내가 스스로 마인드 컨트롤을 잘 해서 이기면 되지 뭐." 라고 생각하는가? 우리 인간이 계속해서 불안을 안고 살아가는 이유는 우리의 유한성을 인정하지 않았기 때문임을 잊지 말자.

창세기 3장에서 사단이 하와를 부추겼던 결정적인 말은 바로 이것이다.

"네가 만약 이 선악과를 먹게 되면 너희 눈이 밝아져 하나님과 같이 되어 선악을 알게 될 거야."

무슨 말인가? 아담과 하와는 자신이 가지고 있는 유한성을 인정하지 않고 스스로 하나님처럼 되고자 했기에 그 죄의 결과로 불안과 두려움을 갖게 되었다는 것이다. 유한한 우리의 감정은 하루에도 수백 번 변화되는 것이므로 변치 않는 말씀을 의지해야만 날마다 그 사랑 속에 거할 수 있다.

말씀 묵상을 통해 예수님을 만나 내가 버림받은 고아가 아닌 하나님의 자녀임을 확인하는 깊은 교제의 시간들이 필요하다. 묵상의 시간 가운데 하나님은 우리에게 하나님의 자녀 됨의 특권, 두려움을 이길 수 있는 있는 능력과 권세를 주시기 때문이다.

성경은 두려움에 떠는 우리에게 그 분이 보내는 사랑의 고백이다. 말씀을 묵상하라. 그 고백을 꼼꼼히 읽어보라. 어느 순간 사랑하는 아빠가 가장 귀한 아들, 딸들에게 절절히 써 내려주신 은혜의 바다에 잠겨 두려움이 사라지는 경험을 하게 될 것이다.

아버지께서 나를 사랑하신 것 같이 나도 너희를 사랑하였으니 나의 사랑 안에 거하라 (요 15:9)

생각해보기

1. 예수님의 사랑을 깊게 체험하기 위해 나는 어떤 방식으로 성경을 대하고 읽고 있는가?
2. 매일 말씀 묵상을 위한 조용한 시간을 따로 마련하라.

07

 두려움을 극복하는 법 3

'변화' 앞에는 항상 '두려움' 이라는 거대한 장벽이 놓여 있다. 그 장벽은 너무 높고 단단해 보여서 앞을 향해 나아가려는 우리를 늘 주저하게 하거나 결국 무기력하게 만들곤 한다. 하지만 그 벽에 이런 안내문과 함께 망치가 하나 놓여 있다고 생각해 보자.

"당신이 그토록 갈망했던 '변화' 는 이 벽 바로 뒤에 있습니다."

당신이 이런 안내문을 읽었다면 어떻게 하겠는가? 당연히 당장 그 놓여있던 망치를 집어 들어 '두려움' 이란 벽을 부수기 시작할 것이다. 그 망치가 바로 '도전 의식' 이다. 그런데 사실, 우리가 사는 현실에서는 이 '도전 의식' 을 집어들어 첫 망치질을 시작하는 것이 그리 쉽지만은 않다. 실패에 대한 두려움 때문이다.

소아마비 백신을 개발한 요나스 솔크라는 사람이 있다. 그는 소아마비 백신을 개발하기까지 무려 200번의 실험에서 실패했었다. 누군가가 그에게 "200번이나 실패하셨는데 그 기분이 어떻습니까?" 라고 약을 올리며 묻자 요나스 솔크는 이렇게 답했다고 한다.

"저는 결코 실패했던 게 아닙니다. 저는 '실패' 라는 단어를 아예 사용하지 말라고 배웠습니다. 저는 그 동안 소아마비를 예방하지 않는, 예방할 수 없는 200가지의 방법을 발견했을 뿐입니다."

2차 세계대전의 영웅이었던 영국수상 처칠에게 누군가가 히틀러를 무찌를 수 있었던 이유를 물어보았다. 처칠은 "제가 승리할 수 있었던 가장 큰 힘은 초등학교 1학년 과정을 재이수해야 했던 경험에서 나왔습니다." 라고 대답했다. "아니, 그럼 당신이 초등학교 1학년을 실패했었다는 말씀이십니까?" 라며 놀라자 처칠은 "아닙니다. 저는 결코 제 삶에 실패한 적이 없습니다. 저는 올바로 다시 도전할 수 있는 두 번째 기회를 얻었을 뿐입니다." 라고 말했다.

"에이, 그 사람들은 비범한 사람들이니까 그렇게 훌륭한 대답을 했었던 거겠지요. 나처럼 평범한 사람은 실패를 두려워하는 게 당연하지 않나요? 비참하게 실패하느니 아무 도전도 안하는 게 차라리 낫잖아요." 라고 또 변명할 것인가? 하지만 하나님은 평범한 사람들에게도 실패에 대한 두려움을 해결할 수 있는 확실한 열쇠를 주셨다. 그것은 바로 '하나님 앞에서의 진솔한 기도' 이다.

E.M 바운즈는 '기도의 능력' 이라는 책에서 '기도의 사람이 아니고는 아무도 하나님을 위하여 위대한 일을 할 수 없다' 고 주장했다. 기도에 많은 시간을 들이지 않는 사람은 결코 기도의 사람이 될 수 없다. 그렇다. 위대한 하나님의 사람들은 변화를 목전에 둔 두려움의 순간에 하나님께 매달려 기도했다. 기도는 평범한 사람을 비범하게 만드는 것이다.

자신에게 복수하려 벼르고 있을, 어쩌면 자신을 죽이려 할지도 모를 형, 에서를 만나러 가는 야곱의 심정을 상상해보라. 형을 만나기가 얼마나 두려웠겠는가? 나는 성경에서 야곱이 기도하는 장면을 별로 본 적이 없다. 그는 라헬과 결혼할 때조차 기도보다는 자신의 지혜를 의지했던 사람이다. 그랬던 야곱이 형을 만나러 가기 직전, 그 두려움의 장벽이 높게 세워진 순간에 어떤 것을 선택했었는지 창세기 32장에 나와있다.

야곱은 홀로 남았더니 어떤 사람이 날이 새도록 야곱과 씨름하다가 (창 32:23)

야곱은 두려움을 극복하기 위해 기도의 샅바를 잡고 끈길게 두려움과 대적하기 시작한다. 밤새도록 지속된 그 씨름으로 인해 자신의 환도뼈가 부러지는 고통을 당했지만 그 싸움에서 승리했다는 징표로 '이스라엘' 이라는 자랑스러운 이름을 얻게 된다.

혹시 그 동안 해왔던 일들이 잘 이뤄지지 않았는가? 실패를 반복해왔는가?
그럼에도 불구하고 이제 더 이상은 '실패' 라고 말하지 말라. '실패' 라고 말하
고 '실패' 라고 생각하면 그 다음에도 내 인생은 '실패' 로 끝날 확률이 높다.

실패의 두려움이 몰려 올 때 해야 할 일이 무엇인가? 당장 무릎을 꿇고 하
나님께 기도하며 매달리는 것이다. 이 지혜로운 선택을 한 자는 이미 변화
의 문턱을 한 걸음 넘어섰다. 이제 매일의 기도로 100% 변화를 쟁취하라.

생각해보기

1. 반복되는 실패와 두려움 앞에 선 당신의 선택은 무엇인가? 계속해서 두려움을 묵상할 것
   인가? 아니면 하나님 앞에 겸손히 무릎 꿇고 도움을 요청하겠는가?
2. 하루의 일과 중 기도를 위한 시간을 따로 떼어 놓았는가?

08

기도로 삶을 조율하라

우리는 어떤 계기를 통해 비전을 갖게 되면 일단 계획부터 세운다. 자신이 가진 모든 경험과 지식을 끌어 모아 생애, 일 년, 한 달, 일주일, 그리고 하루의 계획을 꼼꼼하게 짜고 나면 마치 비전의 절반은 이미 이룬 듯 흐뭇하다. 그런데 여기서부터 문제가 생기기 시작한다. 계획은 멋들어지게 세웠고, 해야 할 일은 많은데 도대체 무엇부터 시작해야 할지 막막한 것이다. 부푼 마음으로 대학에 입학한 학생들은 공부, 아르바이트, 연애, 신앙생활 모두를 잘 해내고 싶은데 그 중에서 우선순위를 정하는 것이 너무나 어렵다. 목회자의 경우에도 마찬가지다. 설교 준비, 심방, 예배 기획, 새로운 양육 시스템을 배우고 실행하는 일 등 끊임없이 쏟아지는 사역 앞에서 무엇부터 먼저 해야 하는 건지 헷갈릴 때가 많다.

"무엇을 먼저 해야 합니까?" 라는 질문에 대해 스티븐 코비는 이렇게 말했다. '소중한 것을 먼저 하라', 그리고 '주도적으로 자신의 일을 시작하라' (성공하는 사람들의 7가지 습관 中). 간단하고 명쾌한 처방이다. 그런데 대체 자신의 일 중 소중하지 않은 일이 어디 있으며, 인생을 주도적으로 살고 싶지 않은 사람이 어디 있겠는가? 계획만 세우다 끝났던 우리에게 이제는 보다 구체적인 실천 방안이 필요하다.

감사하게도 성경에는 그 해답이 나와 있다. 하나님께서는 수많은 계획들 중에서 '이 일'을 가장 먼저 한 후 다음 일을 시작하라고 명확하게 말씀해주셨다. 디모데전서 2장 1절 말씀이다.

그러므로 내가 첫째로 권하노니 모든 사람을 위하여 간구와 기도와 도고와 감사를 하되...(딤전 2:1)

여기서 '첫째'라는 말은 시간의 순서상 첫째라는 뜻일 수도 있겠지만, '중요성'에 있어서 첫째라는 것이 더 정확한 해석이다. 그 중요한 첫째가 무엇인가? 바로 '기도'라는 것이다.

예수님께서는 세상에 계실 때 하루의 일과를 기도로 시작하셨다. 마가복음 1장 35절 말씀에 보면, "새벽 아직도 밝기 전에 예수께서 일어나 나가 한적한 곳으로 가서 거기서 기도하시더니"라고 기록되어 있다. 예수님은 그렇게 많은 계획 중에서 왜 기도를 제일 먼저 하셨을까? '그야 예수님이니까 당연히...'라는 생각을 잠시 접어두고 그 이유를 곰곰이 생각해 보자.

오케스트라의 공연 직전 모습을 떠올려보라. 무대 위 연주자들이 자리에 앉으면 가장 먼저 하게 되는 것은 바로 '조율' 이다. 클래식 음악회에 처음 가는 사람은 무대 위에서 웬 소음인가 하고 의아해 하기도 한다. 악기 조율을 무엇보다 먼저 하는 이유는 악기 소리가 맞춰져 있지 않으면 아무리 훌륭한 연주자라도 제대로 연주할 수 없기 때문이다. 연주자에게 있어 조율은 최고의 우선순위이다.

기도는 이와 같다. 거친 세상을 살면서 조금씩 음이 이탈된 '내 영혼의 악기'를 하나님의 손길로 아름답게 조율하는 것이 바로 '기도'이다. 주일 오전에 말씀 한 번 듣고 나간 성도는 일주일 내내 세상의 온갖 잡음을 듣고 살아야 한다. 나도 모르는 사이에 영혼이 상하고 더럽혀지는 것은 아주 당연한 일이다. 그러므로 시간을 내어 하나님 앞으로 나아가 기도를 드림으로써 엉켜 있는 삶의 내용들을 정리하고 바로 세워야만 우리 삶을 아름답게 연주할 수 있게 되는 것이다.

위대한 신앙인들을 잘 살펴보면 그들은 모두 기도로 자신의 삶을 조율했다는 것을 알 수 있다. 성경읽기표로 잘 알려져 있는 로버트 맥체인은 매일 아침 6시에서 8시까지 기도했다고 한다. 밀림 속의 십자가로 유명한 브레이너드도 매일 몇 시간씩 기도에 힘썼다. 누구보다도 바빴던 그들이 왜 이렇게 하나님과의 대화와 호흡에 목숨을 걸었을까? 기도를 해야만 내 삶의 우선순위가 무엇인지 깨달을 수 있기 때문이었다.

기도를 통해 삶의 우선순위를 깨닫게 되는 사람은 성령님을 내 영혼의 '음 잡이'로 인정하는 삶을 살게 된다. 찬양대의 각 파트에는 음잡이 역할을 하는 분들이 있다. 어쩌다 음잡이가 음을 잘못 잡게 되면 그 찬양대는 8부 화음(?)으로 노래를 부르게 된다.

세상에 살면서 이런 저런 소리 때문에 균형을 잃은 당신. 많은 계획을 세웠지만 무엇을 먼저 해야 될지 몰라 항상 반복적인 실수를 하는 당신. 지금 당신이 해야 할 일은 불협화음을 단번에 잡아 바른 소리를 낼 수 있도록 도와주시는 성령님을 내 영혼의 음잡이로 삼는 것이다.

매일의 삶 속에서 성령님이 이끌어주시는 기도의 조율을 통해 불협화음으로 혼란스러웠던 당신의 인생은 아름다운 비전의 찬가로 변화될 것이다. 기도하라! 바로 지금!

생각해보기

1. 당신은 기도에 대해서 몇 % 신뢰하는가? 기도하면 하나님께서 당신의 삶을 그분의 계획대로 인도해 주신다는 것을 정말로 믿는가?

2. 매일 규칙적인 기도를 하기 위해서 당신이 버려야 할 태도는 무엇인가? 최대한 구체적으로 적어보라.

09

 예수님이라면 어떻게 생각하실까?

신학박사과정 수업을 듣던 어느 날의 일이다. 예상 정원보다 더 많은 학생들이 수업에 들어오게 되어 교수님은 수업 진행 방향을 두고 고심하던 중이었다. 박사 과정 수업에 왜 이렇게 많은 학생들이 들어와 있나 싶어 나도 조금 짜증이 났다. 그렇게 30여 분이 흐르던 중 갑자기 강의실 문이 열리더니, 20대 후반으로 보이는 왜소한 학생이 하나 들어와 이 수업을 청강하고 싶다고 말하는 것이었다. 강의실 앞쪽에 앉아있던 나는 본능적으로 "이 수업은 Ph.D 수업인데" 라고 말했다. 그러자 멋쩍어하던 그 학생은 "이 과목을 꼭 듣고 싶은데 자리가 없다면 서서 듣겠습니다!" 라고 말하더니 문 쪽으로 걸어가기 시작했다. 그의 겉모습을 훑어보던 나는 마음이 불편해졌다.

'어린 녀석이 수준에 맞는 수업을 들어야지 왜 굳이 어려운 과목을 들으려는 거야?'

그 때 교수님이 맘에 안드는 그 불청객을 소개하기 시작했다.

"여러분, 이 친구는 카이스트에서 박사과정을 마친 우주 연구가입니다. 이번에 우리학교를 수석으로 입학한 학생이에요."

이상한 일이었다. 분명히 아까와 같은 사람인데 그 소개를 듣자마자 20대 후반의 어설픈 청년으로 보였던 그가 품격있는 박사님의 모습으로 보였다. 심지어 수업 중간에 그가 던진 질문은 철학자의 질문보다 더 심오하게 들렸다.

급변한 나의 생각에 스스로 머쓱해하던 중에 마태복음 12장 20절, "상한 갈대를 꺾지 아니하며 꺼져가는 심지를 끄지 아니하기를 심판하여 이길 때까지 하리니" 라는 말씀이 떠올랐다. 성경은 인간의 모습을 '상한 갈대' 에 비유한다. 상한 갈대는 아무 짝에도 쓸모없는 식물이다. 그런데 이 땅에 오신 예수 그리스도께서 세상의 기준으로 볼 때에 턱없이 모자란 자들을 안아주고 인정하고 다듬어 주셨다는 것이다. 이 말씀 앞에서 나는 회개할 수밖에 없었다. '무가치한 상한 갈대' 와 같은 나를 주님의 자녀로 삼아주신 은혜를 망각한 채 겉으로 보이는 외모, 학력, 행동과 같은 것으로 사람을 평가했던 바리새인 같은 나의 태도를 깨달았기 때문이다.

예수님의 사역은 사람들의 가치관을 바꾸는 일이기도 했다. 당시 어른들 앞에서 인간대우를 못받던 어린이들을 가까이 오라고 말씀하신 예수님, 천국은 이 아이와 같은 자가 들어올 수 있다고 하신 그 분의 말씀에 사람들은 어린이의 가치를 새롭게 보게 된다. 간음한 여인에게 돌 한 번 던지고 침 한 번 뱉는 것으로 자신의 의로움을 드러내려 하던 무리들은 어땠을까? 죄 없는 자가 먼저 돌로 치라고 하신 예수님의 말씀을 통해 간음한 여인보다 더 상한 갈대와 같은 자신의 내면과 직면하게 되었을 것이다. 사람이라면 당시 세상의 기준을 과감히 깨뜨리고 진정한 가치를 바라보게 하는 그 만남을 통해 어떻게 인생의 가치관이 안 바뀌겠는가? (가치관이 안바뀌고 오히려 예수님께 분노하며 그 분을 없애려 했던 자들은 사람이 아닌 것으로 치자.)

예수님을 제대로 만났다면 우리의 가치관은 당연히 바뀔 수밖에 없다. 만약 당신이 오랫동안 신앙생활을 해왔는데 당신의 가치관이 여전히 세상이 가리키는 곳을 향하고 있다면 아직 예수님을 만나지 못한 것은 아닌지 돌아보아야 한다. 어쩌면 그 동안 신앙생활이 아닌 교회생활을 해왔을 수도 있다. 교회생활은 결국 세상의 잣대로 사람을 판단하게 만든다. 그러나 예수님과의 만남을 토대로 하는 신앙생활은 우리로 하여금 세상의 가치관을 뛰어넘게 하고 나아가 새로운 가치관을 만드는 하나님의 사역에 동참하게 한다.

생각해보기

1. 사람을 세상의 잣대로 쉽게 판단하고 정죄하는 습관을 갖고 있지는 않은가?

2. '예수님이라면 이 사람을, 이 대상을 어떻게 바라보고 계실까?' 라는 질문을 통해 새로운 가치관을 가질 수 있도록 연습하라.

10

✉ 하나님의 음성을 듣는 방법

여름 수련회가 끝나고 나면 학생들의 얼굴 표정에 따라 딱 세 종류로 나뉜
다. 제 1부류는 수련회 때 방언을 받아 목이 쉬도록 기도한 소위 성령충만한
표정의 아이들이다. 그런 친구들은 몇 주 간은 맨 앞자리에 앉아 눈을 반짝
이며 예배를 드리다가 어느 순간 슬그머니 뒷자리로 가서 제 2부류에 합류
한다. 제 2부류는 성령충만해 보이는 제 1부류를 보며 '똑같이 예배드리고
똑같이 열심히 기도했는데 왜 나는 방언을 못받았을까? 심지어 하나님이 계
신 것도 솔직히 잘 못느끼겠어…' 하며 자괴감에 빠진, 소위 은혜 못받은 표
정의 아이들이다. 이 제 2부류의 아이들은 풀이 죽어 어깨도 축 처진 채 뒷
자리에 찌그러져 있다가 선생님들의 떡볶이 위로에 힘을 얻어 2~3주 후 활
력을 되찾는다. 제 3부류는 수련회 전이나 후나 일관성을 갖는 해맑은 표정
의 아이들이다. 이 아이들은 그냥 아무 생각이 없다. 참 해맑다.

이렇게 다양한 형태로 나타나는 '수련회 시즌 한정판 반짝 은혜 체험'은 비

단 아이들만의 문제가 아니다. 모두가 교회에 나와 신앙생활을 하는 것처럼 보이는데 왜 매일의 삶에 하나님의 음성이 들리지 않는 것일까?

19세기 위대한 부흥사이자 설교가였던 무디 D.L Moody 의 일화를 보면 그 이유를 깨달을 수 있을 것 같다. 그는 회심 후 그 뜨거움으로 하나님 앞에서 바르게 살고자 꽤 노력했지만 자꾸만 죄 때문에 쓰러졌다. 신령한 은혜를 맛보았으나 오래 가지 않았고 여러 부흥회에 참석해 보아도 매한가지였다. 이에 번민하던 무디가 로마서 말씀을 읽게 된다.

그러므로 믿음은 들음에서 나며 들음은 그리스도의 말씀으로 말미암았느니라 (롬 10:17)

그 때부터 그는 말씀을 읽기 시작했고, 항상 말씀을 붙들고 살았다. 기도와 말씀에 균형이 잡힌 신앙생활을 하게 된 것이다.

시카고에 있는 무디 신학교의 무디 기념관에는 그의 생애와 신앙, 사역에 관한 자료와 유품들이 전시되어 있다. 그 중에는 낡은 성경책이 하나 있는데, 그 여백에 "T, P" 라는 표시들이 가득 있다. T, P는 "시험해 봄test , 검증됨proved " 이라는 뜻이다. 무디는 말씀을 붙잡고 살며 자신의 삶에 그 말씀이 이루어지는지의 여부를 테스트했고 그 결과를 T, P로 표시했던 것이다.

건강한 신앙생활이란 무엇일까? 다름 아닌 말씀을 기초로 하는 삶이다. 하나님의 음성을 듣는다는 선교단체들이 꽤 있고 나도 그 중 한 단체에서 훈련 받은 적이 있다. 하나님의 음성은 우리에게 반드시 들린다. 그러나 잠시 기도하고 마음을 비운다고 해서 아무에게나 들리는 것은 아니다. 왜 그럴까? 하나님께서 말씀을 안 하시는 것이 아니라 그 말씀을 수신하는 우리의 안테나가 항상 불안정하기 때문이다. 내 자아의 욕심, 연약함, 혈기, 죄와 같은 것들로 인해 하나님의 음성이 제대로 들리지 않는다.

하나님은 이를 너무나 잘 알고 계시기에 성경이라는 명확한 음성을 우리에게 주셨다. 그 말씀을 믿고 행하는 것이 바로 건강한 신앙생활의 출발이다. 누가복음 7장 말씀에 보면 백부장이 등장한다. 예수님은 백부장의 믿음을 보고 중풍병에 걸린 그의 하인을 고쳐 주셨다. 이방인인 그에게 어떻게 그런 큰 믿음이 있었을까? 그 단초가 되는 구절이 2절과 3절에 나온다.

어떤 백부장의 사랑하는 종이 병들어 죽게 되었더니 예수의 소문을 듣고 유대인의 장로 몇 사람을 예수께 보내어 오셔서 그 종을 구해 주시기를 청한지라 (눅 7:2-3)

백부장은 예수님의 말씀을 전해들은 것이다. 그 말씀이 백부장의 마음을 움직였고 믿음이 싹트게 되었다. 또 7절 하반절 말씀을 보면, "... 말씀만 하사 내 하인을 낫게 하소서" 라는 표현이 나온다. 백부장은 군 생활에 익숙한 사람이었다. 상명하복上命下服이 무언지 제대로 알았던 그는 윗사람이 하는 말이 얼마나 힘이 있는지 잘 알고 있었다. 그러기에 예수님께서 친히 오시지 않더라도 말씀만 하면 나을 수 있다는 믿음이 있었던 것이다.

말씀 앞에 철저히 부복하면 하나님의 뜻을 듣고 깨달을 수 있게 된다. 하나님은 말씀으로 세상을 창조하셨다. 창세기 1장 3절 말씀에 보면, "하나님이 이르시되 빛이 있으라 하시니 빛이 있었고" 그 뒤에 보면 계속 반복되는 표현이 나온다. "하나님이 이르시되... 그대로 되니라 God said... It was so " 그 말씀이 육화肉化 되어 예수그리스도가 되셨고, 그 분의 말씀이 기록되어 성경이 되었다.

예수님의 사랑과 은혜를 체험하기를 원하는가? 예수님과 인격적인 관계를 맺고 싶은가? 그분의 세밀한 음성을 듣기를 원하는가? 말씀과 친해져라. 말씀을 읽고 내 삶에 적용하며 말씀을 따라 살라. 하나님의 음성은 그런 자들에게 들리기 시작한다. 그리고 그들로 인해 역사役事 가 만들어진다.

생각해보기

1. 당신의 신앙은 말씀에 근거하고 있는가?
2. 신비한 이적과 능력을 보지 않고도 믿는 믿음을 소유하기 위해 오늘부터 성경 말씀을 어떻게 대할 것인가?

11

 성도는 **낯선 옷**을 입는다

"아빠는 왜 빨간 날에도 안 쉬어요?" 공휴일이면 가족과 캠핑을 떠나곤 하는 친구들을 부러워하던 딸아이의 투정 섞인 질문에 허허 웃고 말았지만 맘속으로는 '목회는 연중무휴란다' 라고 대답했다. 퇴근하는 순간 회사 일에서 자유로워지는 직장인들과 달리 대다수 목사들은 잠이 드는 순간까지도 목회에서 자유롭지 못하다. 심지어 휴가 기간조차 몸 따로 마음 따로, 즉 몸은 휴가지에 마음은 교회에 있곤 한다. '오늘 저녁에는 어디서 예배를 드려야되지?' , "지금쯤 우리교회 수요예배 시간인데 부교역자들이 잘 해내고 있을까?' 등의 생각들을 하게 되니 '쉬는 게 쉬는 게 아니야' 라는 말이 딱 맞다.

평상시 교회 일을 마치고 녹초가 되어 집에 돌아오면 어린 딸들이 달려와 이제부터는 자기들과 놀아달라고 아우성이다. 그러면 나는 각종 동물이나 인간 놀이기구로 변신하는 '트랜스포머 Transformer ' 가 된다. 머리 속에는 아직 마무리하지 못한, 아니 영원히 마무리란 없는 교회 일들이 여전히 맴돌고 있고, 내 몸은 아이들을 태워 방바닥을 맴돈다. 몸과 마음이 빙빙 도는 그때마다 아내에게 입버릇처럼 하는 말이 "여보, 아빠 노릇 참 힘들어." 였다.

최근에 한 성도님이 나를 찾아와 이렇게 말했다. 요즘 성도 노릇 하기가 참 힘이 든다고. 사연을 들어보니 가정과 직장 생활에 닥친 심각한 위기로 인해 그의 신앙이 흔들리고 있는 것이었다. 이런 저런 권면을 해 주고 함께 기도한 끝에 그 분이 이렇게 물었다.

"목사님, 도대체 신앙이라는 것이 뭐예요? 정의를 한번 내려주시면 제가 다시 한번 열심히 해 보려고요." 성도 노릇, 즉 신앙생활이란 무엇일까? 사전적 의미 대신 이 성도의 가슴에 오래도록 각인 刻印 될 수 있는 정의는 없을까 고민하던 끝에 이런 결론을 내리게 되었다. "신앙은 익숙한 옷을 버리고 익숙하지 않은 옷을 입기로 선택하는 것이지요. 그것이 진짜 성도 노릇입니다."

솔직히 말해서 우리에게 익숙한 옷은 이런 것이다. 새벽예배를 드리는 대신 조금 더 잠을 누리는 선택, 한 번쯤 예배를 빠지고 더 급한 일을 해결하려는 선택, 다른 이들을 위한 봉사 대신 내 몫을 챙기려는 선택 등등. 이런 선택의 공통점이 무엇인가? 바로 '나' 중심, 즉 자아의 생각과 의지와 습관이 중심이 되는 선택들이다. 그러나 제대로 된 신앙생활은 내 생각, 내 의지, 내 습관대로 선택했던 옷을 벗고 '하나님의 관점' 이라는 다소 낯선 옷을 입는 것이다. 나 중심의 선택에 익숙했던 우리가 하나님의 관점에 맞는 선택을 하려면 왠지 전부를 버려야 할 것만 같고 '이러다 나만 손해 보는 게 아닐까?' 하는 생각에 두려울 것이다.

하지만 기억하라. 새 옷은 처음에는 뻣뻣하고 불편한 것이 당연하다. 그러나 하나님을 신뢰하며 그 옷을 일단 입기만 한다면 머지않아 그것이 얼마나 우리의 삶을 자유롭게 하는 날개옷인지 경험하게 될 것이다.

상담을 마치고 집으로 돌아왔다. 아이들이 나를 보자마자 또 놀아달라고 조른다. 그 날은 작정을 하고 한 시간이 넘도록 말과 곰을 비롯한 각종 짐승에서부터 놀이기구를 오가는 최첨단 트랜스포머가 되었다. 잠시 복잡한 생각들도 내려놓고 집중해서 아이들과 놀아주었더니 몸은 땀에 흠뻑 젖었지만 아이들과 한층 더 가까워진듯한 느낌이었다. 저녁상을 차리던 아내가 말한다.

"여보, 오늘 정말 아빠 노릇 제대로 하시네요."

생각해보기

1. 당신이 생각했던 신앙의 정의는 무엇인가?
2. 바른 신앙생활을 하기 위해서 당신이 지금 벗어야 할 익숙한 옷은 무엇인가?

12

 생각이 바뀌면 **삶**이 바뀐다

눈도 나쁘고 난시가 심했던 나는 군대 시절 사격을 할 때마다 굉장히 스트레스를 받았다. 한 번은 20점 만점에 0점이라는 부대 최악의 성적을 거둬 그날 엄청나게 빵빵이를 돌았던 기억이 난다. 그 이후로 제대할 때까지 내가 사격을 잘할 수 있다는 생각은 당연히 단 한 번도 해 본 적이 없었고 사격 이야기만 나오면 기가 죽어 말수가 적어지곤 했다.

제대 후 1999년도에 나는 라식 수술을 했다. 그리고 어느 날 몇몇 친구들과 실탄 사격장에 가서 내기시합을 하게 되었다. 그 중 한 친구는 자칭 '스나이퍼+람보' 수준의 군생활을 했던 친구였고 또 하나는 '터미네이터'를 능가하는 전투로봇과 같은 군시절을 보냈다고 자랑을 늘어놓던 친구였다. 나는 솔직하게 말했다. 군대에서 사격을 못해 고생의 차원을 넘어선 개고생(?)을 했기에 이 시합에서는 빠지겠다고. 그랬더니 한 녀석이 내게는 10점을 미리

주고 게임을 하자고 제안했고, 어쩔 수 없이 나도 시합에 참여하게 되었다.

시합이 시작됐다. 그런데 이게 웬 일인가? 친구들에게 받은 점수 10점을 빼고도 나의 사격 점수가 가장 좋았던 것이다. 스나이퍼 겸 람보와 터미네이터는 갑자기 조용해졌다. 결국 나는 그 날 딴 돈으로 기분 좋게 친구들과 식사를 한 후 스나이퍼이자 람보이자 터미네이터가 되어 돌아왔다.

도대체 이게 어떻게 된 일인지 곰곰이 생각해 보았다. 라식수술로 좋은 시력을 갖게 된 나는 예전보다 눈이 좋아졌으니 더 잘 쏘는 것이 당연할 것이라고 생각해서 끝까지 편안한 마음으로 사격에 임했다. 그 '생각의 태도' 가 결국 좋은 결과를 낳은 것이었다. 예수님은 다음과 같이 말씀하신다.

할 수 있거든이 무슨 말이냐 믿는 자에게는 능히 하지 못할 일이 없느니라 하시니 (막 9:23)

이 말씀은 다양하게 해석할 수 있지만 가장 중요한 포인트는 바로 이것이다.

"불가능하다는 말은 많은 의견들 중 하나의 의견일 뿐이다."

어떤 일이든 반드시 해법은 있다. 문제는 대부분의 경우 내 스스로 '불가능하다' 는 생각으로 가능성을 제한한다는 것이다. 그런 사람이 얻는 것은 늘 '못한다, 안된다, 틀려먹었다, 실패한다' 라는 말 그대로 거두게 되는 결과

물 뿐이다.

하나님은 사람을 사용하실 때 '생각' 부터 먼저 바꾸신다. 인간의 눈에 보이는 훌륭한 능력은 하나님이 보실 때는 그리 중요한 요소가 아니다. 구약의 사사기에 보면 하나님은 기드온을 통해 일하고 싶어 하셨다. 그래서 포도주틀에서 밀을 타작(삿 6:11)하던 겁쟁이 기드온에게 다음과 같이 말씀하신다.

여호와의 사자가 기드온에게 나타나 이르되 큰 용사여 여호와께서 너와 함께 계시도다 하매 (삿 6:1)

겁쟁이를 큰 용사라고 부르니 기드온 자신도 어이가 없었나보다. 그 때 기드온의 반응을 보라.

오 주여 내가 무엇으로 이스라엘을 구원하리이까 보소서 나의 집은 므낫세 중에 극히 약하고 나는 내 아버지 집에서 가장 작은 자니이다 하니 (삿 6:15)

기드온의 진짜 문제는 겉으로 보이는 무능력이 아니라 내면의 패배주의적 생각이었다. 그래서 그의 현재 모습이 아니라 완성된 모습을 바라보며 그와 함께 일하고자 하신 하나님은 기드온에게 다양한 기적을 보여 주시며 그의 생각과 행동을 바꾸기 시작하셨다.

우리의 두려움 이면에는 과거의 부정적 평가나 실패한 경험들로부터 학습된 패배주의적 생각들이 숨어 있다.

"나는 안 돼! 지금 내 모습을 봐. 지난번에도 잘 안되었는데 이번에도 마찬가지일 거야. 그럴 바에는 시도조차 하지 않는 게 더 나을 수 있어!"

반복되는 실패는 바로 그러한 마음의 생각에서 시작된다는 사실을 명심하라. 하나님께서 내게 주어진 사명과 비전을 이루려면 생각의 변화가 먼저 일어나야 한다. 그 변화는 마인드 컨트롤 같은 것으로 되는 것이 아니다. 내가 어릴 적부터 들어온 저주의 말들과 내 안에 가득찬 부정적 생각들을 하나님 앞으로 가지고 나가는 기도의 무릎에서 그 일이 시작된다.

생각해보기

1. 당신 안에 있는 학습된 패배주의적 생각은 무엇인가?

2. 그 생각들을 하나씩 기록해 보고 하나님 앞으로 가지고 나가는 기도의 시간을 가지라.

13

 깊이 **성찰**하고 새롭게 **해석**하라

얼마 전 세상을 떠난 스티브 잡스는 기술적 측면에서 세계를 진일보하게 해 주었다는 평가를 받은 탁월한 리더다. 그런 그가 자기 인생 최고의 사건으로 꼽은 것은 놀랍게도 자신이 설립했던 회사인 애플에서 해고당한 일이었다. 2005년 스탠포드 대학 졸업식에서 축사를 하면서 잡스는 당시의 심정을 이렇게 회고했다.

"저는 실패의 본보기였고 실리콘 밸리에서 도망치고 싶었습니다. 그러나 제 맘 속에는 뭔가 천천히 다시 일어나기 시작했습니다. 성공이란 중압감 대신 찾아온 초심자의 가벼움, 불확실성, 내 인생 최고의 창의력을 발휘하는 시기로 갈 수 있게 되었습니다."

그는 위기의 순간에 절망의 나락으로 빠져들지 않았다. 대신 깊이 있는 성찰을 통해 혁신적인 사고를 하게 된다. 그것이 오늘날의 아이팟, 아이폰, 아이패드를 있게 한 원동력이 되었던 것이다. 이번 글에서 하고자 하는 이야기는 바로 이 자기 성찰을 통한 사고의 전환이다.

성경에는 훨씬 더 큰 그릇으로 세상을 움직인 탁월한 리더가 등장한다. 바로 예수님이시다. 당시에 예수님과 함께 리더로 인정받았던 사람들 중에는 바리새인들과 서기관들이 있었다. 막강한 기득권 세력이었던 그들은 지적인 부분에서는 당대 최고의 석학들이었으나 예수님의 등장 이후 자신들의 영향력이 밀리기 시작했다. 이상하다. 바리새인과 서기관들의 눈으로 볼 때 예수님은 하버드가 아닌 검정고시 출신일 뿐인데, 그런 예수님 주변에 사람들이 모여들기 시작한 것이다. 심지어 예수님을 만난 사람들은 삶이 치유되고 변화되었으며 영향력을 발휘하기 시작했다. 이런 탁월함의 근원은 무엇이었을까?

예수님의 사역의 특징을 잘 살펴보면 그 분은 사역 전후에 꼭 자기 성찰의 시간을 가지셨다는 것을 알 수 있다. 예를 들어 마태복음 14장의 오병이어 사건 이후에도 예수님은 기도하러 따로 산에 올라가셔서 저물도록 그곳에 혼자 계셨다. 기도를 통한 자아성찰의 시간을 가지셨던 것이다. 반면 성경 어디에도 바리새인과 서기관들이 혼자 산에 올라가서 하나님과의 깊은 만남을 가졌다는 이야기는 없다. 바로 이것이 탁월함을 결정하는 차이였던 것이다.

성찰의 과정이 없는 사람은 아마추어다. 볼링장에서 프로와 아마추어의 차이는 의상, 공부터 시작해서 던지는 자세에 이르기까지 다양한데, 결정적인 차이는 바로 '공을 던지고 난 후 생각하는가?' 이다. 아마추어는 공을 던지고 나서 '핀이 넘어진 개수' 에만 연연한다. 그러나 프로는 굴린 공이 원하는 방향대로 들어가지 않았을 경우 이유를 꼼꼼히 따진다. 당신의 아이큐가 돌고래보다 높다면 능력 부족의 원인은 다름이 아닌 자기 성찰의 부재일 가능성이 매우 높다. 나의 유전자, 나의 환경을 탓하지 말고 하나님과의 깊이 있는 만남을 통해 자신의 모습을 성찰해 보라.

하나님 안에서 그렇게 자기를 성찰하는 자에게 주어지는 선물이 하나 있다. 바로 사고의 전환이다. 문제를 문제로 보지 않고, 성장으로 보는 삶의 태도인 것이다.

요한복음 8장에는 간음한 여인을 두고 일어난 예수님 대 바리새인 및 서기관의 지혜 대결이 나온다. 바리새인과 서기관들은 최대한 머리를 굴렸다. 당시 법률상 간음한 여인은 무조건 돌을 던져 죽여도 무방했음에도 불구하고 그들은 의도적으로 여인을 예수님 앞으로 데리고 나왔다. 일단 예수님이 피해갈 수 없을 듯한 밑밥을 두 개 던져두었다. 만약 예수님께서 돌로 치라고 하면 그들은 "사랑 많은 예수도 별 수 없군" 이라고 하며 군중들에게 실망감을 줄 수 있었고, 돌로 치지 말라고 하면 "예수는 모세의 율법을 위반한 범법자다!" 라고 선동해서 체포할 수 있는 절호의 기회였다. 하지만 예수님의 해석은 완전히 새로웠다. "너희 중에 죄 없는 자가 먼저 돌로 치라" (요 8:7 하) 그리고는 바닥에 무언가를 써내려 가신다. 어떻게 이런 반응을 하셨을까? 모두가 간음한 여인의 죄에 집중했을 때, 예수님은 그녀의 내면을 보셨다. 간음한 여인이 품은 변화된 삶을 향한 갈망을 보셨고, 죄로 가득 찬 바리새인과 서기관들의 위선을 보신 것이다. 결국 간음한 여인은 죄사함을 받아 새로운 삶을 시작할 용기를 얻게 되고, 다른 사람의 죄를 정죄하고자 왔던 바리새인과 서기관들은 주섬주섬 내빼고야 말았다.

요즘은 다들 대학 간판과 높은 영어점수와 다수의 자격증과 반짝거리는 외모를 갖추어야 취업도 하고 승진도 하고 결혼도 한다며 스펙 쌓기에 여념이 없다. 그러나 높은 스펙이 리더로서의 탁월함을 보장해 주는 것은 아니다. 바리새인과 서기관들을 기억하라. 당대의 스펙으로는 그들을 따라갈 자가 없었다. 하지만 나 자신 뿐 아니라 다른 사람들의 삶을 변화시키는 영향력 있는 인생이 되기 위해서는 반드시 하나님과의 깊이 있는 만남이 있어야만 한다. 그 만남 속에서 자신을 성찰하고 사고방식을 전환하는 자야말로 탁월한 리더로 우뚝 서게 될 것이다.

생각해보기

1. 당신은 어떤 식으로 성찰의 시간을 보내는가?
2. 만약 그 시간이 없었다면 이제 어떻게 이 방법을 당신의 삶에 적용할 것인가?

14

혀는 영혼의 온도계다

친한 친구와 사소한 오해 때문에 다툰 적이 있다. 문제의 요지는 '네가 그 말을 했느냐 안 했느냐?' 였다. 그런데 그 친구의 변명은 이랬다.

"그 말을 하긴 했는데 그런 의미로 한 말이 아니었어."

"그럼 왜 그렇게 얘기했니?"

한동안 그 친구와 서먹서먹하게 지내다가 최근에야 서로 마음을 열어 용서를 구했고 지금은 이전보다 더욱 끈끈한 우정을 나누고 있다.

성경에도 말 때문에 곤혹을 치른 사람이 여럿 등장하는데 그 중 대표적인 인물이 '베드로' 이다. 마태복음 16장에 보면 예수님께서 제자들에게 이렇게 물으셨다.

이르시되 너희는 나를 누구라 하느냐 (마 16:15)

그때 베드로가 답한다.

주는 그리스도시요 살아 계신 하나님의 아들이시니이다 (마 16:16)

이 말씀을 들은 예수님께서는 베드로에게 특급 칭찬을 해주셨다.

예수께서 대답하여 이르시되 바요나 시몬아 네가 복이 있도다 이를 네게 알게 한 이는 혈육이 아니요 하늘에 계신 내 아버지시니라 또 내가 네게 이르노니 너는 베드로라 내가 이 반석 위에 내 교회를 세우리니 음부의 권세가 이기지 못하리라 내가 천국 열쇠를 네게 주리니 네가 땅에서 무엇이든지 매면 하늘에서도 매일 것이요 네가 땅에서 무엇이든지 풀면 하늘에서도 풀리리라 하시고 (마 16:17~19)

그 후 예수님은 자신이 그리스도라는 사실을 말하지 말 것을 당부하시고 십자가의 고난과 죽음에 대해서 알려주셨다. 그런데 이게 웬일인가? 예수님의 말씀을 듣던 베드로가 이번에는 이렇게 말하는 것이었다.

베드로가 예수를 붙들고 항변하여 이르되 주여 그리 마옵소서 이 일이 결코 주께 미치지 아니하리이다 예수께서 돌이키시며 베드로에게 이르시되 사탄아 내 뒤로 물러 가라 너는 나를 넘어지게 하는 자

로다 네가 하나님의 일을 생각하지 아니하고 도리어 사람의 일을 생각하는도다 하시고 (마 16:23)

방금 전까지 말 한마디 잘한 덕에 천국의 열쇠까지 얻은 베드로가 이번에는 성급한 말 한마디 때문에 갑자기 '사단' 으로 전락해버렸다. 예수님의 사역을 이해하지 못하는 방해꾼이 되고 만 것이다.

토마스 아켐피스는 "전적으로 말을 하지 않는 것이 적절하게 말을 하는 것보다 훨씬 더 쉽다." 라고 말했다. 성경 곳곳에는 우리의 언어 사용에 대한 다양한 권면이 있다.

잠잠할 때가 있고 말할 때가 있으며 (전 3:7)

이는 언어의 신중성에 대한 말씀이다. 또한 언어의 적절성과 합리성에 대한 말씀도 있다.

경우에 합당한 말은 아로새긴 은쟁반에 금사과니라 (잠 25:11)

혀는 우리의 영적 온도를 나타내는 '영혼의 온도계' 다. 당신의 언어가 부정적이고 냉소적인가? 그렇다면 현재 당신의 영적 온도는 영하로 내려가 있는 상태다. 당신이 하나님과 맺고 있는 관계가 마이너스이기에 다른 이들의 마음까지도 꽁꽁 얼어붙게 하고 있는 것이다. 반대로 당신의 언어가 긍정적이고 다른 이들을 세워주는 언어라면 현재 당신의 영적 온도는 영상을 웃돌고 있다. 하나님과의 친밀한 관계를 바탕으로 다른 이들에게 따뜻함을 전해주는 사랑의 통로가 될 수 있을 것이다.

'입술의 30초가 마음의 30년' 이라는 표현이 있다. 내가 무심코 내뱉은 한 마디가 다른 이의 가슴을 평생 멍들게 만들 수 있다. 나는 말로써 내 자녀에게 '울음' 을 줄 수도, '웃음' 을 줄 수도 있다. 나의 한 마디가 내 이웃에게 '도전' 을 줄 수도 있고, 그를 '위축' 시킬 수도 있다.

오늘은 아침부터 유난히 기분이 좋았다. 다름 아닌 아내의 이 말 한 마디 때문이었다.

"여보! 오늘따라 머리숱이 많아 보여요."

나도 저녁에 집에 들어가면 아내에게 이렇게 말해주어야겠다.

"여보! 오늘 왠지 가녀려보이네?"

생각해보기

1. 당신의 혀의 영적 온도는 몇 도쯤 될 것 같은가?
2. 긍정적이고 따뜻한 언어 사용을 위해 지금 당장 실천할 수 있는 행동을 생각해 보라.

15

 열정은 **방향**이 중요하다

조지 포먼 George Foreman 이라는 복싱선수가 있다. 무하마드 알리, 조 프레이저와 함께 70년대 복싱계를 주름 잡았던 그는 어린 시절 휴스턴 뒷골목 흑인 슬럼가의 불량 청소년이었다. 그러던 어느 날 포먼의 재능을 발견한 한 복싱 코치가 그에게 복싱을 가르쳐 주었고, 1973년, 조지 포먼은 당대의 무적 챔피언이었던 조 프레이저를 꺾고 기적적으로 헤비급 세계 챔피언이 된다. 그러나 그가 28세가 되던 해인 1974년, 안타깝게도 무하마드 알리에게 패배한 후 복싱계를 떠나게 된다. 바로 그 때 조지 포먼은 예수 그리스도를 만나게 되었고 자신의 삶의 진정한 의미와 사명을 발견하여 신학을 공부한 후 목사안수를 받아 흑인 청소년들을 위한 사역을 시작한다. 그러던 중 그는 마약과 범죄로 방황하는 아이들에게 더 효과적인 사역을 하기 위해 청소년 회관을 건축하기 시작했으나 그만 재정난에 봉착하고 만다. 그 때 포먼이 한 선택은 회관 건립기금을 마련하기 위해 다시 링 위로 올라가는 것이었다. 당시 그는 복서로서는 회갑의 나이로 불리는 38세였다. 그가 45세가 되었을 때, 마침내 포먼은 WBA와 IBF 통합 챔피언이 되는 신화적인 기록을 세우게 된다. 그를 잘 아는 한 스포츠 기자는 '복싱 사상 돈이나 명예가 아닌 다른 동기로 경기에 임한 유일한 경우였다'고 당시의 상황을 설명했다.

넘어진 삶을 일으켜 다시 도전하게 하는 힘이 있다. 그것은 바로 '열정'이다. 열정은 불가능을 가능으로, 위기를 기회로, 불통을 형통으로, 막힌 곳을 열린 곳으로 볼 수 있게 만든다. 성공한 사람들의 공통점 중 하나가 바로 열정이다. 그런데 이 열정은 그 방향이 매우 중요하다. 내가 바른 열정을 가지고 있는지 확인하려면 두 가지 질문을 스스로에게 던져 보면 된다. 이것은 무엇을 이루기 위한 열정인가? 또한 누구를 위한 열정인가?

사울은 왕임에도 불구하고 다윗이라는 젊은이 때문에 인생 전체가 꼬여버린 사람이었다. 그에게도 '열정'은 있었다. 그런데 어떤 열정이었던가? 다름 아닌 '다윗을 어떻게, 무슨 방법으로 죽일까?'였다. 사울은 다윗을 죽이기 위해서 혈안이 된 사람이었다. '혈안血眼', 기를 쓰고 달려들어 독이 오른 눈은 곧 '방향이 잘못된 열정'을 의미한다. 사울은 자기 삶의 초점과 방향을 잘못 잡았다. 왕으로서 블레셋에 대항하여 이스라엘 백성들을 안전하게 보호하기 위한 열정을 가져야 했음에도 불구하고 열등감에서 비롯된 잘못된 혈안으로 인해 자신의 인생을 낭비한 사람이 되고 만다. 이와 같이 열정의 존재 여부보다 더 중요한 것은 '그 열정이 무엇을 위한 열정인가?'이며, '누구를 위한 열정인가?' 이다.

예수님은 베드로를 제자로 부르실 때에 이렇게 말씀하셨다. "사람을 낚는 어부가 되라" (마 4:19) 낚는 일이라면 도가 튼 사람이 베드로였다. 잠을 자다가도 '이 쪽에 고기가 많다' 란 말을 들으면 눈을 번쩍 뜰 정도의 열정이 있었을 것이다. 그런데 예수님은 베드로를 제자로 부르면서 그의 열정의 방향을 수정해 주신다. 낚아야 할 대상은 이제 '고기' 가 아닌 '사람' 이었고, 삶을 바쳐야 할 곳은 '자신의 일' 이 아닌 '예수님의 일' 이 된 것이다. 베드로는 여러 가지 시행착오를 거친 끝에 마침내 예수님이 가리키신 방향을 향해 충성된 열정의 삶을 살게 된다.

열정은 반드시 있어야 한다. 지극히 작은 일을 하더라도 열정으로 일하라. 옆에만 있어도 그 에너지가 느껴질 정도의 충성됨이 필요하다. 하지만 더 중요한 것이 있다. 열정의 방향을 잘 잡아야 한다. '무엇을 위해, 누구를 위해 내가 땀을 흘리고 있는가?' 라는 분명한 목표가 있을 때 당신은 다니엘과 같이 "많은 사람을 옳은 데로 돌아오게 할 자" (단 12:3)가 될 것이다.

생각해보기

1. 당신은 열정이 있는가? 그렇지 않다면 무엇이 당신의 열정을 가로막고 있는가?

2. 당신의 열정은 누구를 위해 어떤 목적을 이루기 위한 것인가? 그 일은 '많은 사람을 옳은 데로 돌아오게 하는 통로' 로 쓰일 것 같은가?

16

 근면한 사람은 한 잔의 **얼음냉수**다

부교역자 시절에 나는 교회 찬양팀을 인도한 적이 있다. 그런데 음향을 담당하는 한 청년이 예배시간에 항상 늦는 것이었다. "음향 담당자는 제일 먼저 와서 악기 세팅을 도와주고 사운드를 잡아주는 일을 해야 된다" 고 말하며 여러 번 주의를 주었으나 찬양팀을 하는 일 년 내내 이 청년은 지각하지 않는 날이 곧 기적이 일어난 날이었다. 알고 보나 예전 주일학교 교사를 할 때도 그의 늦잠 때문에 학부모들이 담당 교역자에게 불만을 토로한 적이 있다는 것이었다.

그 청년에게 도전이 되라고 한국계 미국인 데이비드 김이라는 사람의 이야기를 들려 주었다. 그는 미국 내에 400여 개의 체인점이 있고 연 매출이 3억 달러에 달하는 멕시코 패스트 푸드점 바하 프레쉬의 최고경영자였다. 바하 프레쉬 외에도 7개의 레스토랑 체인을 갖고 있는 그가 젊은 나이에 비즈니스의 귀재가 된 것은 남달리 부지런했기 때문이었다. 가족과 함께 12세의 나이에 미국으로 이민 온 그는 어느 날 새벽 장사를 나가는 부모님을 따라가게 되었다. 한때는 한국 사회에서 높은 위치에 있었으나 이제는 미국의 한 벼룩시장에서 장난감을 파는 부모님의 모습에 눈물을 흘리게 된 그는 그날부터 직접 비즈니스를 시작했다. 학교가 끝나면 아르바이트를 했고, 주말에는 장사를 했으며 인도네시아 재벌 친구와 함께 고등학교 때 집을 뜯어 고쳐 새로 파는 사업도 했다. 지금까지 꽃 소매상 · 비디오 대여 체인 · 개인 비행기 운영회사 · 부동산 개발업 등 30여 가지의 비즈니스를 한 그에게 성공 비결을 물었더니 이렇게 대답했다.

"아직 성공을 이룩했다고 생각하지 않아요. 내일을 포기하지 않고, 계속 이뤄나가는 것, 이게 성공입니다. 게으르지 말고, 열심히 일해야 합니다."

게으른 청년이 이 이야기를 듣고 변했을까? 그랬으면 얼마나 좋을까만은 안타깝게도 게으름의 습관을 버리지 못한 그는 결국 찬양팀에서 내쫓김을 당해 슬피 울며 이를 갊이 있었다. (그래서 다음 장에는 습관에 대한 이야기를 하고자 한다!)

세상에서 부지런한 사람이 인정받고 쓰임 받는 것처럼, 하나님 나라에서도 부지런한 사람이 하나님의 눈에 든다. 잠언 12장 24절의 말씀을 보면, "부지런한 자의 손은 사람을 다스리게 되어도 게으른 자는 부림을 받느니라" 고 기록되어 있다. 또한 잠언 21장 5절 말씀에 보면, "부지런한 자의 경영은 풍부함에 이를 것이나 조급한 자는 궁핍함에 이를 따름이니라"고 나와 있다.

충성스러운 사람, 신실한 사람, 성실한 사람이라는 평가는 누구나 듣고 싶어 한다. 이 충성과 신실과 성실함의 첫 출발이 무엇일까? 바로 근면, 즉 부지런함이다.

충성된 사자는 그를 보낸 이에게 마치 추수하는 날에 얼음냉수 같아서 능히 그 주인의 마음을 시원하게 하느니라 (잠 25:13)

안팎으로 답답한 소식이 넘쳐나는 이 때에, 바로 우리가 하나님의 마음을 시원케 하는 한 잔의 얼음냉수가 되면 얼마나 좋을까.

생각해보기

1. 맡겨진 소임에 대해서 내가 듣는 평가는 어떤가? 당신은 근면한가? 게으른가?

2. 당신이 가장 먼저 버려야 할 게으름은 구체적으로 무엇인가?

17

 좋은 습관 만들기 프로젝트

첫 목회지에서 있었던 일이다. 늘 맨 뒤에 앉던 한 남자 집사님이 있었다. 그 분은 설교시간만 되면 주변을 전혀 의식하지 않고 코를 파는 습관이 있었다. 한참을 파다가 어느 순간이 되면 그 손은 입으로도 들어가곤 했다. 성도수가 그리 많지 않아 그 분의 모습을 외면할 수가 없었기에 설교 시간마다 마음이 어려워졌다.

그러나 진짜 문제는 예배가 끝난 직후였다. 예배당을 나가는 성도들과 악수를 해야 하는데 그 집사님이 다가온다. 방금 전 열심히 코 속에서 신나게 놀던 그 손으로 단 1%의 죄책감도 없이 내게 손을 건네는 것이다. 오 주여!

자기계발 서적들의 첫 장은 대부분 '습관' 에 초점을 맞추고 있다. 실제로 지금 내가 가지고 있는 습관을 바꾸면 인생이 반드시 발전된다는 것이 리더십

연구가들의 일관된 의견이다. 습관이라는 것은 그만큼 중요하다.

습관이란 쉽게 말하자면 '나도 모르는 사이에 반복해서 길러지고 학습된 내 삶의 태도' 라고 할 수 있다. 무의식 혹은 의식적으로 내 몸에 밴 삶의 자세와 태도를 말한다. 습관은 모든 위대한 사람들의 하인임과 동시에 모든 실패한 사람들의 하인이다. 습관이 나를 파괴시킬 수도 있고 최고로 만들 수도 있다.

잠언 22장 6절 말씀에 보면, "마땅히 걸어야 할 길을 아이에게 가르쳐라. 그러면 늙어서도 그 길에서 벗어나지 않는다" 고 나와 있다. 생각이 말이 되고, 말이 행동이 되고, 행동이 습관이 되고, 습관이 인격이 되고, 결국 그 인격이 내 삶을 바꾼다. 그러기에 삶을 바꾸고자 한다면 잘못된 습관을 좋은 습관으로 바꾸는 훈련이 꼭 필요하다.

어떻게 해야 좋은 습관을 가질 수 있을까?

그것은 의외로 간단하다. 좋은 습관이 몸에 밸 때까지 연습하는 것이다. 심리학에서는 보통 어떠한 것이 습관으로 자리 잡기 위해서는 21일간의 연습이 필요하다고 한다. 그동안 번번이 실패했던 결심이 있었다면 21일만 꼬박꼬박 시도해 보라. 그것이 성공하면 180일로 그 기간을 늘려 도전해 보라. 그러면 내가 만들고 싶은 그 습관을 보다 탁월하게 만들 수 있다.

나는 헬라어 성경을 읽고 싶어서 새벽예배를 마치고 매일 한 시간씩 6개월 동안 헬라어 공부를 한 적이 있다. 처음에는 졸리고 엉덩이가 쑤셔서 힘들었지만 6개월 정도 꾸준히 공부하다 보니 나 같은 석두石頭도 헬라어로 성경을 읽고 해석할 수 있다는 놀라운 경험을 하게 되었다.

"탁월함"은 훈련과 습관이 만들어내는 작품이다. 탁월한 사람은 태어났을 때부터 탁월한 것이 아니다. 반복되는 습관으로 만들어진 것이다. 『열정과 기질』이라는 책에 보면, 교육심리학자 하워드 가드너는 이런 말을 했다.

"어느 분야의 전문 지식에 정통하려면 최소한 10년 정도는 꾸준히 노력해야 한다."

당신의 분야에서 최고의 전문가가 되기를 원하는가? 하나만 붙잡으라. 그리고 10년을 한결같이 도전하라! 10년 후 그 습관이 당신을 전문가로 만들 것이다.

생각해보기

1. 당신 인생의 발목을 잡는 잘못된 습관은 무엇인가?
2. 그 습관을 다른 것으로 바꾸기 위해 지금부터 어떤 노력을 하겠는가?

18

 무모함과 **도전정신**은 한 끗 차이다

"미국에서는 대학별로 학생 선발 기준이 다르다. 하버드대의 경우 제출한 에세이에 진취성과 도전정신이 뚝뚝 묻어나는 학생을 선호한다. 빌 게이츠 가 하버드대 수학과에 입학한 것은 전국에서 가장 수학문제를 잘 풀어서가 아니라 고교시절 이미 당시로서는 매우 드물었던 컴퓨터 프로그래머로서의 역량을 인정받고 있었던 데다가 에세이에 그의 진취성이 잘 드러났기 때문 이다. 실제로 빌 게이츠의 진취성은 나중에 그가 하버드대를 중퇴하고 회 사를 설립하는 것으로 드러난다. 그 회사가 바로 '마이크로소프트사' 이다. "
[이범의 교육특강, p.39.]

세상을 주도하는 사람들은 삶의 중요한 시점마다 도전 정신을 발휘하는 사 람이다. 그 도전정신이 주는 선물이 바로 '결단' 과 '집중' 이다. 하버드대를 중퇴하고 자신의 회사를 차리는 것을 두고 무모하다고 비난한 사람들도 있었을 것이다. 그러나 도전정신은 결코 무모하다는 말로 그 가치를 격하할 수 없는 소중한 것이다. 한 때 남들의 눈에는 그것이 '포기' 이거나 '무모' 한 선택이었을 것이나 결국 빌 게이츠는 도전정신을 통해 성공을 일궈낸 대표적인 인물로 평가받게 되었다.

하나님을 믿는 우리에게 성공한 사람이란 아마도 '하나님께서 사용하신 사람' 일 것이다. 주일학교에서부터 성경을 열심히 배운 우리들은 다윗을 일컬어 도전 정신을 가진 사람이라고 할 테지만, 잠시 후대 역사의 평가를 미처 몰랐던 그 시대 사람들의 마음으로 돌아가 보자.

전쟁이 한창이다. 그런데 새파랗게 어리고 힘도 약해 보이는 다윗이 최고의 장수인 골리앗 앞에서 '만군의 여호와 하나님의 이름' 을 운운하며 싸우자고 덤비고 있다. 이보다 무모한 청년이 또 있을까? 주변을 둘러싼 무리들 중에는 신실하게 하나님을 신뢰하며 다윗을 응원한 이들도 있겠지만, 아마도 혀를 끌끌 차며 비난한 이들이 대다수였을 것이다. 그런데 그 무모함처럼 보이던 도전정신의 결과가 무엇이었는가? 다윗의 승리, 하나님의 승리였다.

갈렙이 헤브론을 기업으로 얻을 때의 상황도 한 번 보자. 갈렙은 여호수아와 함께 아낙자손들이 거하는 가나안 땅을 '밥' 처럼 여겼던 인물이었다. 하나님께서 함께 하시면 문제 될 것이 없다고 말하는, 다윗에 버금가는 전형적 '도전정신파' 이다. 45년이 지난 후 그의 외침을 들어보라.

모세가 나를 보내던 날과 같이 오늘도 내가 여전히 강건하니 내 힘이 그 때나 지금이나 같아서 싸움에

나 출입에 감당할 수 있으니 그 날에 여호와께서 말씀하신 이 산지를 지금 내게 주소서 당신도 그 날에

들으셨거니와 그 곳에는 아낙 사람이 있고 그 성읍들은 크고 견고할지라도 여호와께서 나와 함께 하시

면 내가 여호와께서 말씀하신 대로 그들을 쫓아내리이다 하니 (수 14:11-12)

결국 도전정신의 결과가 어찌 되었는가? 아낙 사람들 가운데에서 가장 큰
사람들이 모였던 헤브론은 갈렙의 손에 들어가게 되었고 그 땅에서는 전쟁
이 그쳤다. 갈렙의 승리, 하나님의 승리였다.

자, 이제 잠자고 있는 당신의 도전정신을 어떻게 깨울 것인가? "무모하게 도
전하는 것 보다 아무 것도 안하는 게 낫지." 라고 합리화하며 도전정신이 잠
자도록 내버려 둔다면 당신은 하루하루 목숨은 연명할지언정 하나님께 쓰
임 받는 삶은 포기해야할 것이다. 여호와의 용사의 징표인 도전정신이 깨어
날 수 있도록 목표를 정하고 결단하고 집중하라. 어느새 다윗과 갈렙의 길
을 가고 있는 당신을 보게 될 것이다.

생각해보기

1. 열정이 있음에도 불구하고 무모하다는 변명으로 도전하지 못한 일이 있는가?

2. 아무 것도 시도하지 않은 결과 지금 당신의 삶이 어떻게 되었는가?

3. 이제 도전할 준비가 되었는가? 다른 사람들의 조언을 구하기에 앞서 하나님 앞으로 그
   일을 가지고 나가라.

19

 개꿈인가, **비전**인가

13년 전 내가 중고등부 전도사로 있을 때 가르쳤던 제자들을 최근 다시 만날 기회가 있었다. 너무나 보고 싶은 얼굴들이었기에 잔뜩 기대감을 가지고 모임에 나갔다. 세월이 흘러 벌써 서른 살이 된 한 제자가 물었다.

"예전부터 목사님은 꿈과 비전에 대해서 강조를 많이 하셨는데, 당시 겨울 수련회에서 목사님께서 비전을 위해 기도하라고 하셨을 때 제 비전이 무엇이었는지 기억나세요?"

오랜 세월이 흘렀지만 나는 그 아이의 비전을 정확히 기억하고 있었다. 바로 '미국 항공 우주국 NASA 연구원' 이었다. 13년이 지난 지금에도 그것을 기억하는 이유가 있다. 공부를 지지리도 못해 당시 집사님이었던 엄마의 한숨은 날로 깊어갔는데 그런 녀석이 나사NASA 연구원이 되고 싶다는 고백이 하도 어이가 없어서였다. 한 아이가 또 물었다. "목사님, 혹 제 꿈도 기억하세요?" 내가 대답했다. "그럼 기억하지. 네 꿈은 모델이었지." 제자 녀석이 활짝 웃으면서 어떻게 기억했냐고 물었다. 그래서 재미있으라고 솔직히 대답했다. "응, '자기 얼굴이 어떻게 생겼는지 거울도 안 보는 녀석인가보다'라는 생각을 그때 했었거든." 내 말에 모든 아이들이 함께 폭소를 터뜨렸다.

13년 전 이 아이들은 분명 각자의 꿈이 있었고 그 꿈을 위해 잠시나마 달려갔을 것이다. 그런데 그날 모인 여섯 명 중 꿈꾸던 그 일을 하고 있는 아이는 아쉽지만 단 한 명도 없었다. 이유가 무엇일까? 전도사가 잘 못 가르쳐서일까? 아니면 그 꿈이 정말 이루기 힘든 꿈이었을까? 돌아오는 내내 비전과 꿈에 대해서 스스로 묻고 답하는 시간을 가졌다.

진정한 비전과 개꿈(몽상)의 차이는 무엇일까? 존 C. 맥스웰은 그 물음에 이렇게 답한다.

"비전이 있는 사람은 말은 적으며 행동은 많이 한다. 몽상가는 말은 많으나 행동은 적다. 비전이 있는 사람은 자기 내면의 확신에서 힘을 얻는다. 몽상가는 외부 환경에서 힘을 찾는다. 비전이 있는 사람은 문제가 생겨도 계속 전진한다. 몽상가는 가는 길이 힘들면 그만둔다."

그 아이들은 왜 비전을 몽상으로 만들었을까? 윌리엄 아서 워드의 말이 그

답이 될 수 있을 것 같다.

"성공의 비결은 남들이 잘 때 공부하고, 남들이 빈둥거릴 때 일하며, 남들이 놀 때 준비하고, 남들이 그저 바라기만 할 때 꿈을 갖는 것이다."

앞으로 우리 아이들에게 어떤 비전과 꿈을 가지라고 말할까? 나는 내 제자들과 자녀들에게 평범한 꿈보다는 남들과 다른 꿈을 가지라고 말하고 싶다. 최선의 꿈을 꾸지 말고, 유일한 꿈을 꾸라고 말하고 싶다. 그리고 무엇보다도 그 꿈과 비전에 유일한 대안이 되겠다는 사명으로 하루하루를 충실하게 살라고 격려해 주고 싶다. 하루하루를 충실하게 산다는 것은 매일의 삶 속에서 꿈을 이루기 위한 대가를 지불한다는 것을 의미한다. 비전을 갖는다는 것은 어찌 보면 쉽고 편한 길을 포기하고 힘든 길을 가기로 선택하는 것이다.

몽상가가 되기는 쉽다. 거창한 꿈을 하나 고른 다음 힘들 때 그냥 그만두면 되기 때문이다. 그러나 내가 그 분야에서 유일한 대안이 되기로 결정하고 날마다 전진해가는 사람만이 자신의 삶과 세상을 변화시키는 법이다.

생각해보기

1. 당신은 몽상가인가 아니면 진정한 비전을 가진 사람인가?
2. 유일한 대안이 되고 싶은 비전이 있는가? 그렇다면 그 비전을 이루기 위해 오늘 무엇을 했는가?

20

 오늘이 내 인생의 **마지막**인 것처럼

건강한 몸, 건강한 정신이 있듯이 비전에도 건강한 비전이 있다. 건강한 몸과 정신을 유지하기 위해 많은 노력이 필요한 것처럼 건강한 비전 역시 저절로 유지되지 않는다. 다시 말하자면 좋은 비전을 갖는 것만큼이나 초심初 審을 유지하는 것이 중요한데 이것이 결코 쉽지 않다는 뜻이다. 비전을 이룬 사람들이 초심을 잃어버리는 경우는 우리 주변에 너무도 흔하다. 변질된 비전은 자신 뿐 아니라 타인과 공동체까지 위험으로 내몰 수 있기에 어찌 보면 비전이 아예 없는 경우보다 더 위험할 수도 있다. 그렇다면 어떻게 해야 우리의 비전을 건강한 비전으로 유지할 수 있을까?

비전이 변질되지 않으려면 우리는 항상 인생의 퇴장, 즉 죽음을 숙고해야 한다. 칙센트미하이는 천재와 범인의 차이를 죽음에 대한 통찰에서 찾았다. 그는 위대한 업적을 이룩한 사람들과의 인터뷰에서 이들이 최선을 다하게 된 공통적인 동기를 발견했는데 그것은 바로 죽음에 대한 공포였다. 그들은 다가올 죽음을 항상 인정하고 의식하면서 최선의 삶을 살 것을 순간순간마다 다짐했던 것이다.

톨스토이는 『인생의 길』에서 "죽음을 망각한 생활과 죽음이 시시각각으로 다가옴을 의식한 생활은 두 개가 서로 완전히 다른 상태다. 전자는 동물의 상태에 가깝고 후자는 신의 상태에 가깝다" 라고 했다. 죽음만큼 우리의 삶을 최선으로 이끄는 것은 없다. 삶은 언젠가는 끝이 나기에 매 순간이 소중하다. 하나님 앞에 서는 날에 당신은 어떤 열매를 그 분께 드리고 싶은가? 이 사실을 날마다 되새긴다면 삶이라는 오선지에 무의미한 멜로디가 아니라 한 마디 한 마디 의미 있는 곡조를 담아내려고 몸부림칠 수밖에 없을 것이다.

사도행전 20장 24절 말씀에 보면 바울의 유언과 같은 말씀이 나온다.

내가 달려갈 길과 주 예수께 받은 사명 곧 하나님의 은혜의 복음을 증언하는 일을 마치려 함에는 나의 생명조차 조금도 귀한 것으로 여기지 아니하노라 (행 20:24)

바울은 자신이 로마에 가면 죽게 될 것이라는 예언으로 앞길을 막는 사랑하는 동역자들에게 이 말을 남긴 것이다.

신약성서의 3분의 1을 기록한 위대한 복음전도자 바울의 인생이 해같이 빛

날 수 있었던 이유가 무엇일까? 그는 자신이 달려갈 길과 주님께 받은 사명을 알고 있었다. 바로 복음을 전하는 일이었다. 그 당시에는 순교를 각오해야 할 수 있는 일이었다. 따라서 바울은 매순간 죽음에 대해 묵상하는 삶을 살았던 것이다. 그러한 바울에게 하루하루는 얼마나 소중했겠는가? 그 소중한 삶의 결과가 오늘 우리가 읽는 바울의 서신서들과 기독교 역사인 것이다.

진부하지만 책상 앞에 써붙여 두고 잠을 쫓는 용도로 사용했던 고3용 명언을 다시 언급해야겠다.

"내가 헛되이 보낸 오늘은 어제 죽은 이가 그토록 바라던 내일이다."

태어날 때는 순서가 있어도 갈 때는 순서가 없다는 말이 있듯이 죽음이 언제 우리 앞에 찾아올지 모르는 아슬아슬한 것이 우리 인생이다. 죽음이라는 인생의 퇴장 앞에서 내가 가진 비전과 꿈이 부끄럽지 않도록 준비하자. 그 죽음이 내 삶에 진지함을 만들어냄을 기억하면 내가 이루어야 할 비전은 멀리 있는 것이 아니라 오늘의 현실이 된다. 그렇게 하루를 충실히 사는 삶의 조각보들이 하나하나 모여 결국 건강한 비전이 완성되는 것이다.

생각해보기

1. 비전을 멀리 있는 목표로만 생각하며 하루의 삶의 내용과 주변 사람들의 소중함을 가벼이 여기지는 않았는지 반성해 보라.
2. 만약 오늘이 인생의 마지막 날이라면 당신은 비전을 위해 어떤 노력을 할 것인가?

21

 인생 설계도를 만들어라

GE사의 CEO였던 잭 웰치는, "우리가 갈 길은 우리가 조정해야 한다. 안 그러면 다른 사람이 할 것이다." 라고 말했다. 인생을 주도적으로 계획하고 이끌어야 한다는 의미다.

사도바울은 삶의 목표, 즉 비전이 명확했던 사람이다. "내가 달려갈 길과 주 예수께 받은 사명 곧 하나님의 은혜의 복음을 증언하는 일을 마치려 함에는 나의 생명조차 조금도 귀한 것으로 여기지 아니하노라" (행 20:24) 바울의 고백을 보면 '하나님의 은혜의 복음을 증거하는 것' 이 그의 명확한 비전이었음을 알 수 있다. 한마디로 그의 인생 설계도는 '효과적인 복음 증거' 를 중심으로 그려져 있었다.

분명한 목표가 있는 인생은 반드시 '인생 설계도 Life Manuel ' 를 가지고 살아간다. 건물의 설계도를 보면 거기에는 설계도면 뿐 아니라 그 건물에 사용해야 할 건축자재들도 구체적으로 기록되어 있다. 우리 인생 역시 이렇게 구체적인 설계도면이 필요하다. 이 설계도에는 내가 이 땅에 살면서 이루기를 소망하는 꿈과 비전이 명확하게 담긴다. 그리고 이 일을 이루기 위해 내가 해야 될 일들이 기록된다. 내 인생의 비전을 이루기 위해 어떤 모양과 구조와 재료가 필요한지에 관한 명확한 매뉴얼이 있으면 목표는 보다 가까워질 수밖에 없다.

설계도가 없는 좋은 건물을 상상할 수 있겠는가? 그것은 불가능하다. 움막이나 공사장 옆에 파놓는 간이 화장실은 감각만으로도 지을 수 있기에 설계도가 필요 없다. 그러나 고급스러운 건축물은 수십 장, 아니 수백 장의 설계도면을 갖추고 있는 동시에 그것이 정확하고 세밀한 특징이 있다. 인생에서도 분명한 비전이 없는 사람은 그때그때 기분대로, 감각적으로 살면 그만이라고 생각한다. 그러나 비전이 있는 인생, 설계도가 있는 삶은 흘러가는 시간을 그대로 내버려 두지 않는다. 그 시간들에 자신의 땀과 노력을 함께 담아낸다.

많은 사람들이 비전을 이루지 못하는 이유가 있다. 그것은 그들이 비전에 대해 생각은 하지만, 그 비전을 기록하지는 않기 때문이다. 존 맥스웰은 이런 말을 했다. "우리 중 약 95%의 사람은 자신의 인생 목표를 글로 기록한 적이 없다. 그러나 글로 기록한 적이 있는 5%의 사람들 중 95%가 자신의 목표를 성취했다."

목표는 생각하는 것이 아니고 기록하는 것이다. 나는 1999년에 스티븐 코비의 『성공하는 사람들의 7가지 습관』이라는 책을 보면서 처음으로 '리더십과 자기 계발'이라는 주제를 접하게 되었다. 그 이후 리더십과 자기 계발에 관한 책들을 약 500권정도 독파하면서 내 삶의 비전과 목표와 사명을 하나하나씩 정리하며 살아왔던 것 같다. 그리고 2012년에는 『실패 껴안기』라는 졸저를 출간했다. 책을 출간한 후 어느 날 문득 청년 시절에 만든 인생 설계도를 꺼내 보았는데 거기에는 정말 신기하게도 '40대 이전에 내 이름으로 된 책을 내겠다'는 목표가 적혀 있었다.

우리가 운전하면서 사용하는 네비게이션은 도로 위의 설계도다. 그래서 잠시 길을 헤매더라도 내비게이션이 알려주는 대로 가면 목적지에 정확하게 도착할 수 있다. 인생의 설계도 역시 마찬가지다. 살면서 길을 잃어버릴 때가 있다. 그 때 해야 할 일은 인생의 설계도를 꺼내 놓고 찬찬히 살펴보며 기도하는 것이다. 하나님의 거룩한 말씀을 근거로 한 바른 인생 설계도가 있다면 우리는 잠시 실패하거나 좌절하더라도 끝내 목표에 도달할 수 있기 때문이다.

생각해보기

1. 당신이 건축가가 되어서 당신의 인생 설계도를 자세히 만들어 보라.

22

 비전은 **속도**가 아닌 **방향**이다

내가 즐겨하는 운동인 볼링은 '멘탈 스포츠'에 속한다. 무조건 힘만 좋거나 훅을 많이 사용한다고 해서 스트라이크를 칠 수 있는 것이 아니기 때문이다. 나를 가르쳤던 코치는 국가대표 출신이었는데 볼을 던지는 자세부터 시작해서 그 꼼꼼한 지적이 이루 말할 수 없었다. 만약 잘 못하면 엄청나게 욕을 먹는 축복을 받았다. 성격이 급하기로는 둘째가라면 서러웠던 내가 주로 받은 지적은 이러했다.

"류래신 씨, 볼링은 속도가 아니라 방향이야. 빠르게 던진다고 해서 핀이 다 넘어가는 게 아냐. 내가 던지는 코스가 일정해야 스트라이크가 나올 확률이 높다고! 기억해! 볼링은 속도가 아니라 방향이야! 방향이 중요해!"

12년 전 그 코치의 충고는 내 인생에 깊이 각인되었다. 볼링에서 프로와 아마추어의 차이가 무엇인가? 아마추어는 일단 자세가 필요 없다. 오직 내가 하고 싶은 대로, 힘으로 친다. 그리고 주변과 상관없이 빨리 빨리 친다.

반면 프로는 자세가 중요하다. 호흡이 중요하다. 서두르지 않는다. 볼을 놓을 때도 '스피드' 보다는 지금껏 연습하고 던졌던 '방향' 과 '구질' 을 생각하며 놓는다. 프로는 볼의 '속도' 가 아닌 '방향' 으로 승부를 본다.

성경 속에도 속도의 인생으로 살다가 후회하는 사람들이 많이 등장한다. 그 대표적인 인물이 아브라함과 야곱이다. 아브라함은 하나님으로부터 놀라운 비전을 받았음에도 불구하고 빨리 빨리 가려다가 부인 사라가 아닌 하갈이라는 여인을 통해 이스마엘을 낳게 된다. 하나님의 말씀대로 방향에 충실하지 않고 내 뜻대로 행하려 한 속도의 태도가 만든 결과였다.

속도에 집중했던 아브라함의 유전자는 결국 야곱에게까지 이어졌다. 창세기 25장에 보면 이삭의 아들인 에서와 야곱이 쌍둥이로 태어나는 장면이 나온다. 이 때 베이비 야곱은 어떻게든 일찍 나오려고 버둥대다가 형 에서의 발꿈치를 꽉 잡고 나온다. 불과 몇 초 차이로 동생이 되고 만 야곱은 계속해서 속도의 인생을 살아갔다.

우리가 알고 있는 팥죽 사건 (형의 장자권을 뺏으려 했던 음모) 부터 시작해서 라헬을 얻기 위해 보낸 절절한 14년의 시간 모두가 '속도' 와 관련된 야곱의 인생 이야기다.

우리들 대부분도 '방향' 보다는 '속도' 가 중요하다는 교육을 받고 자랐을 것이다. 인생은 남들보다 앞서가야 하고, 빨리 가야 한다는 '속도' 에 대한 이야기를 자주 들어왔다.

"야! 지금 네가 놀 시간이 어디 있다고 그렇게 텔레비전을 보고 앉아있니? 그 사이에 옆집 떡순이가 공부해서 너보다 좋은 대학에 가서 좋은 직장에 취직하고 빨리 출세하면 어떻게 하려고 그래!"

"넌 왜 이렇게 늦게 일어나니. 남들은 새벽 5시에 일어나서 벌써 학교 가서 공부하는데 넌 이렇게 느려가지고 앞으로 뭘 하겠다는 거야!"

이렇게 '남들보다' 라는 말을 통해 끊임없이 비교당하다 보니 어느 순간 우리는 '인생의 속도'에 길들여졌다. 그러나 인생에서 진정 중요한 것은 '빨리 빨리' 가 아닌 '한발 한발' 이다. 바람의 딸 한비야씨가 남긴 감동적인 이 말처럼.

"자기가 어디로 가고 있는지 목표가 있다면, 그리고 자기가 바른 길로 들어섰단 확신만 있다면 남들이 뛰어가든 날아가든 한발 한발 앞으로 가면 되는 것이다."

마태복음 19장 30절 말씀은 감동적인 정도가 아니라 아예 정신이 번쩍 들게 한다.

그러나 먼저 된 자로서 나중 되고 나중 된 자로서 먼저 될 자가 많으니라 (마19:30)

하나님 안에서 비전을 가졌고, 그에 따른 인생 설계도를 그렸다면 이제는 속도가 아닌 방향에 집중하라. 우리의 비전은 하나님께서 우리들 각자에게 가장 어울리게끔 계획하신 건축물이다. 하나하나가 모두 개성 있는 걸작품인데, 내 건물을 다른 사람의 건물과 비교하며 가장 빨리 후다닥 지으려는 것은 얼마나 어리석은 짓인가.

생각해보기

1. 속도가 아닌 방향의 삶을 살기 위해 지금 내 인생의 설계도에서 변경해야 할 것은 무엇인가?

23

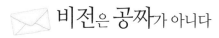 비전은 공짜가 아니다

첫째 딸이 다섯 살 무렵, 며칠 동안 저녁 때만 되면 이유없이 다리가 아프다며 울어대곤 했었다. 아내도 나도 도통 그 원인을 모르겠어서 책이며 인터넷을 찾아보다가 소아과를 방문해서 결국 알아낸 병명은 다름 아닌 '성장통'이란 것이었다. 의사는 성장 속도가 빨라서 그런 것이니 철분이 많은 음식을 주고 다리를 잘 주물러 주면서 그 시간을 이겨내는 것 외에는 별다른 처방이 없다고 했다. 실제 그 무렵 아이의 키는 부쩍 자랐다. 다리의 통증이라는 대가代價를 지불하고 아이가 성장한 것이다.

비록 신체적 성장은 끝났으나 정신적, 영적으로는 계속 자라야 할 우리 역시 성장통과 같은 대가를 지불해야 제대로 자란다. 우리 중 꿈과 비전이 없는 사람이 어디 있는가? "나는 꿈같은 건 없어요" 라고 말하는 사람조차도 가만히 들여다보면 지금의 모습보다 더 나아지고 싶어 하는 소망이 반드시 있다. 그렇게 소박한 꿈이건 거창한 꿈이건 간에 대가를 지불하지 않는다면 모두가 개꿈일 뿐이다. 성취될 가능성이 로또 당첨 확률보다 낮다는 말이다. 그렇다면 꿈을 위해 우리가 지불해야 할 대가는 무엇일까?

첫 번째는 바로 '게으름'을 포기하는 것이다.

에베레스트 산을 정복한 엄홍길 대장의 삶을 생각해 보자. 한 고지를 점령하기 위해서 그가 얼마나 많은 시간 동안 계획을 세우고, 치밀하게 준비하고, 함께 할 사람들을 독려하고, 소중한 사람들과의 시간이 포함된 자신의 삶의 일부분을 포기하며 그 등반에 집중했을는지 우리는 충분히 추측할 수 있다. 그의 부인은 남편과 밥을 먹는 것조차 포기했다고 한다. 한마디로 그는 '따뜻할 수 있는 권리' 를 포기한 것이다.

나는 '바람의 도시' 라고 불리는 시카고에서 유학 생활을 했다. 내 생전 그렇게 추운 곳은 처음이었다. 눈이 지겹도록 내려서 자동차가 파묻히는 일은 다반사였고, 기숙사에서 학교까지 걸리는 5분의 시간을 추위에 떨며 걷기가 싫어서 차를 몰고 다닐 정도였다. 그 결과 수 년의 미국 생활은 나에게 엄청난 살들을 남겨 주었다.

엄홍길 대장이 포기한 '따뜻함' 은 우리의 '게으름' 이라는 이불이다. 말로는 꿈이 있다고 말하면서 행동하지 않는 이불, 꿈을 성취하기 위해 지불해야 할 대가들을 내일로 미루는 이불. 이런 게으름의 이불을 차버리고 나와 대가를 지불할 때 우리도 각자가 꿈꾼 산의 정상에 우뚝 설 수 있는 것이다.

두 번째로 우리는 우리들의 꿈을 위하여 '지혜로운 시간 사용'이라는 대가를 지불해야 한다.

한국이 낳은 세계적인 발레리나 강수진 씨의 발 사진을 본 적이 있는가? 예전에 인터넷에서 화제가 되었던 그 사진은 여기저기 뼈가 튀어나오고 물집이 잡혀 있어 우아한 발레리나의 발이라고는 믿기 어려울 정도였다. 그녀의 발이 그렇게 된 이유는 다름 아닌 '하루 열아홉 시간의 연습' 때문이었다. 그녀는 최고의 자리에 올라갈 때까지, 또한 올라간 이후에도 하루에 열아홉 시간의 연습을 꿈을 위해 지불했다고 한다. 심지어 자신의 결혼식 날에도 오전 10시에 간단히 결혼식을 올리고 바로 연습실로 달려갔다고 하니 정말 하루를 100퍼센트로 살았다는 그녀의 고백에는 의심의 여지가 없다.

오늘 하루 우리의 시간은 어떻게 사용되었는가? 그 시간들을 흐르는 강물처럼 그냥 흘려보냈는가? 아니면 꿈을 위한 대가로 지불했는가?

예수님의 삶은 비전을 위한 대가지불이 무엇인지를 가장 극적으로 보여주는 삶이다. 인류 구원이라는 비전을 이루기 위해 예수님은 고향 사람들의 배척과 무리의 조롱과 제자들의 배신과 육신의 죽음이라는 수많은 대가들을 지불하셨다. 이러한 대가 지불을 통해 예수님은 비전을 이루셨고, 그 열매가 바로 이 글을 읽는 우리의 삶이라고 할 수 있다.

예수님의 대가 지불이 헛되지 않은 인생이 되고 싶은가? 그렇다면 이제 변명은 그만 하고, 게으름을 떨치고 일어나 비전을 향해 치열하게 주어진 시간을 채워 나가자.

그런 사람들을 통해 교회가 변화되고, 가정이 변화되고, 세상이 변화된다. 바로 당신이 그 변화를 이끄는 주인공이다.

생각해보기

1. 비전을 이루기 위해서, 지금의 난관을 뛰어넘기 위해서 당신이 포기해야 할 것이 무엇인가?

2. 하루의 시간을 어떻게 사용하고 있는지 일과표를 작성해 보라. 비전을 위한 대가로 지불해야 하는 시간들은 무엇인가? 그 시간을 고려해서 새로운 일과표를 만들어 실천하라.

24

 배움에 **투자**하라

무언가에 미쳐 본적이 있는가? 나는 목사임에도 불구하고 간혹 주일 오후 행사가 없으면 전도사와 청년들을 데리고 야구장에 갔을 정도의 야구광이다. 만약 선배들이 알면 "류 목사가 단단히 미쳤구만!" 하는 소리를 들을 수도 있을 것 같다. (우리 교회 청년들과 교역자들은 나로 인해 모두 야구를 좋아하게 되었고 급기야 한국시리즈가 열린 날, 우리는 암표를 사서 운동장에 들어가 응원까지 하는 열정을 보였다.)

나는 야구를 보는 것 뿐 아니라 직접 하는 것도 좋아한다. 한때는 완전히 야구에 꽂힌 삶을 살았다. 그래서 잘 알지도 못하는 아마추어 야구팀에 자진 가입해서 경기를 뛰었다. 어떤 주는 3일을 나가서 뛴 적도 있다. 이쯤에서 '그러면 도대체 목회는 언제?' 라며 걱정하시는 분들을 위해 변명을 보태자면 그 덕분에 스트레스가 해소되어 개척 목회 시절을 잘 버텨냈다고나 할까? 어쨌든 대부분 새벽 야구단에 가서 경기를 했기 때문에 일상 생활이나 목회에는 전혀 지장이 없었다고 주장하고 싶다.

야구를 처음 했을 때는 실력이 잘 늘지 않았다. 공 던지고 받는 것도 어렵고 수비며 공격이며 내 뜻대로 되는 것이 없었다. 그래서 경기가 끝나면 저녁에 개인적으로 야구 레슨을 받았다. 한 3개월을 배우니 어느 정도 자세가 잡히기 시작했다.

자세가 잡히자 야구 장비에 욕심이 생기기 시작했다. 그래서 기존에 가지고 있었던 야구 장비를 하나씩 바꾸기 시작했다. 글러브를 새로 구입하고 보니 신발도 다시 사야 하고 배트와 헬멧, 보호 장비에서부터 양말, 벨트, 야구 전용 티셔츠, 야구 점퍼에 이르기까지 장비를 하나 둘 씩 모으다 보니 결국 글러브 세 개를 갖추게 되었고 여름 티셔츠는 색깔별로 구비하게 되었다. 여름 내내 그 야구복을 입고 교회에 출근하곤 해서 나를 야구 선수로 오해한 동네 꼬마들로부터 선망의 눈길을 받기도 했다. 목사님들로 구성한 아마추어 야구팀을 만들자는 제안도 들어왔다.

내게 무언가 부족함이 느껴질 때, 대부분 사람들은 '고민' 부터 한다. 고민이라는 작은 눈뭉치를 굴리다 보면 염려와 근심과 절망과 실패 같은 것들이 따라 붙어 결국 '실패된 나' 라는 모습의 눈사람이 만들어진다. 그러나 목표가 분명한 비전의 인생은 부족한 부분을 깨달았을 때 고민이 아닌 배움에 투자한다. 그리고 그 배움은 '바로 지금' 부터 시작해야 한다. 무언가에 투자하기로 결심했다면, 또한 그 결정이 확실하다면 절대 그 일을 내일로 미루지 말라.

디스레일리는 "인생에서 성공하는 비결은 자신에게 기회가 올 때를 대비해서 미리 준비하는 것이다" 라고 말했다.

고대 그리스의 데모스테네스Demosthenes(B.C 384~322)는 언어장애를 가지고 태어났다. 그는 이 핸디캡을 극복하기 위해서 매일 자갈을 입에 물고 시를 암송하고 해변의 커다란 파도소리 속에서 연설을 준비했다. 오늘을 투자한 결과 그는 당대 최고의 위대한 웅변가로 활약할 수 있었다.

혹시 당신은 당신이 가진 연약함으로 인해 고민하느라 시간을 헛되이 흘려보내고 있지는 않았는가? 부족함을 깨달았다면 고민하는 대신 배움에 투자하라. 늦지 않았다. 바로 지금! 바로 이 장소에서! 다시 배우고 시작하라. 구하면 주겠다고 약속하신 하나님의 축복의 팔이 당신을 향해 있다.

생각해보기

1. 실력을 쌓기 위해 당신이 지금 어디에, 무엇을, 얼마나 투자해야 하는지 기록해 보라.
2. 오늘 당장 그 투자를 시작하라.

25

 작은 일에 충성하라

나는 아이큐 공개를 상당히 꺼리는 사람 중 하나다. 머리는 단단하나 아이큐는 그다지 높지 않은 노력형 인간이기 때문이다. 어린 시절 '에디슨'의 전기를 읽은 후, 한동안 내 과학 점수와는 상관없이 '에디슨 같은 과학자'되는 것이 꿈이었던 적이 있다. 바로 에디슨이 남긴 이 말 때문이었다.

"천재는 99% 노력과 1%의 가능성으로 이루어진다."

발명 분야에서 탁월한 천재였던 그가 아이큐보다 노력이 더 중요하다고 말한 순간 평범한 아이큐를 가진 한 초등학생의 마음에 불이 지펴졌다. 그런데 그 불이 계속 활활 타오르려면 '어떻게 노력할 것인가'를 제대로 파악해야만 했었다. 안타깝게도 그 지혜를 스스로 깨닫기엔 너무나 어렸던 초등학생은 동네 구석구석 신나게 놀러 다니다가 몇 달 후 과학자의 꿈을 까맣게 잊고 말았다. 도대체 어떻게 노력해야 실력이라는 것이 생기는가?

무턱대로 열심히 노력한다고 해서 다 되는 것은 아니다. 실력을 쌓기 위해서는 작은 일부터 제대로 도전하는 태도가 필요하다. 누가복음 16장 10절 말씀에 보면, "지극히 작은 것에 충성된 자는 큰 것에도 충성되고 지극히 작은 것에 불의한 자는 큰 것에도 불의하니라"고 기록되어 있다.

추리소설 작가인 코난 도일은 이렇게 말했다. "가장 좋은 것은 조금씩 찾아온다. 작은 구멍으로도 햇빛을 볼 수 있다. 사람들은 커다란 바위에 걸려 넘어지지 않는다. 사람들을 넘어뜨리는 건 오히려 작은 조약돌 같은 것이다."

몇 년 전 집 도배를 새롭게 한 적이 있었다. 원래 우리 집 도배는 약 20년 동안 도배 전문가인 작은 삼촌이 담당하셨는데 그 날은 사정이 생겨 다른 신입 직원이 오게 되었다. 일이 끝난 후 구석구석을 살피던 아내가 나를 불렀다. "여보, 여기 좀 보세요." 아내가 가리킨 곳을 살펴보니 방 모서리 부분 30cm 정도에 도배가 되지 않은 상태였다. 삼촌에게 전화해서 상황을 얘기하자 이렇게 대답했다. "응. 아마추어라 그래. 내가 내일 다시 해줄게." 건축이나 인테리어를 의뢰해 보면 장인과 아마추어의 차이는 다름 아닌 아주 세밀한 작업에 있다는 것을 알게 된다. 장인은 남들의 시선이 잘 닿지 않는 작은 일에도 정성을 기울이는 반면, 아마추어는 눈에 보이는 일 위주로 작업하고 작은 일은 대충 마무리 해버리는 경향이 있다.

마태복음 25장에 보면 우리가 잘 알고 있는 '달란트 비유'가 나온다. 다섯 달란트를 받은 종은 열심히 일해서 다섯 달란트의 이윤을 남긴다. 두 달란트를 받은 종 역시 열심히 노력해서 두 달란트의 이익을 얻었다. 그런데 한 달란트를 받은 종은 혹시 그것마저 잃어버리면 어쩌나 하는 염려로 인해 그것을 땅에 숨겨 두었었다. 달란트 비유의 핵심은 그 액수에 있는 것이 아니라 세 명의 종이 보여준 태도에 있다. 받은 달란트를 가지고 무언가를 시도하고 노력했던 두 명의 종에게 주인은 공통적인 칭찬을 했다.

잘하였도다! 착하고 충성된 종아 네가 적은 일에 충성하였으매 내가 많은 것을 네게 맡기리니 네 주인의 즐거움에 참여할지어다 (마 25:23)

반면 아무것도 하지 않았던 종은 받은 것마저 빼앗기고 쫓겨나는 신세가 되고 말았다. (마 25:28-30)

실력 있는 인생이 되고 싶은가? 작게 보이는 일부터 도전하라. 남들이 중요하지 않게 여기는 그 일부터 성실하게 시작하라. 그것이 성경에서 말하는 착한 인생, 충성된 인생, 주인의 즐거움에 참여하는 인생의 출발점이다.

생각해보기

1. 작게 보이는 일들에 대한 당신의 태도는 어떠했는가?

2. 충성된 실력의 인생이 되기 위해 지금 당신이 시작해야 할 작은 일은 무엇인가?

26

 사울처럼 **양다리** 걸치지 말고

야곱처럼 **몰입**하라

당신 앞에 갑자기 호랑이가 나타났다고 가정해 보자. 잠시 후에 데이트 할 생각이 떠오를까 아니면 이 위기를 피할 방법을 고민할까? 두말 할 것도 없다. 누구나 이런 상황에 맞닥뜨리게 되면 어떻게 위기를 극복할지에만 집중하게 된다. 그것이 바로 몰입沒入 이다.

칙센트 미하이는 '마음이 방황하지 않고 하고 있는 일에 완전히 집중하는 것' 이 '몰입' 이라고 하였다. 이러한 몰입의 상태에서는 한 가지 목표를 위하여 자기가 할 수 있는 최대 능력을 발휘하는 비상 체제가 발동한다. 자신을 초긴장 상태로 만들어 모든 것을 잊고 오로지 한 가지 일에 집중하기 때문에 잠재된 능력을 최대로 발휘할 수 있게 되는 것이다. 이처럼 몰입은 그 일에 나를 던지는 것, 다른 말로 하자면 '헌신' 이다.

안타깝게도 은혜만 찾는 사람들이 있다. 내가 마땅히 해야 되는 최선의 노력은 하지 않고 뜬구름 잡듯 은혜를 빌미로 인생을 대충 살아가는 존재들이다. 몰입으로 실력을 연마하는 대신 날마다 '나 같은 죄인 살리신 주 은혜 놀라워' 만 찾는다.

세상 사람들은 자신의 생존을 위해 목숨을 걸고 비장하게 도전하고 있는데 '되는 것도 은혜, 안 되는 것도 은혜' 라고 말하며 '잉여 인간' 처럼 살아가는 사람들이 의외로 교회 공동체에 많이 있다. 하나님의 놀라운 은혜를 값싼 은혜로 완전히 오해하고 있는 경우다. 이런 인생들은 한 가지 비전을 향해 자신을 온전히 던지는 대신 양다리를 걸친 채 어정쩡하게 걸어가기에 첫 출발이 아무리 화려하더라도 언젠가는 넘어질 수밖에 없다.

혹시 당신이 여기에 해당하는가? 정신이 번쩍 들만큼 등짝 스매싱을 해 줄 이야기가 하나 있으니 잘 들어보라.

이스라엘의 첫 번째 왕이었던 사울은 하나님께로부터 왕국을 세우라는 비전을 받았다. 게다가 재능과 능력과 미모까지 갖추고 출발했으니 초창기의 그에게는 비전을 성취할 가능성이 충분해 보였다.

그런데 어느 순간부터 그의 헌신과 노력이 다른 방향으로 흘러가기 시작한다. 바로 자아의 욕망이라는 방향이었다. 이제 사울은 하나님께서 아말렉을

도말하라고 명령하신 장소에서 양식을 취하고, 자신을 돕는 자였던 다윗을 죽이기 위해 온 힘을 쏟게 된다.

무고한 다윗을 잡으러 다닐 시간에 블레셋과의 전쟁과 이스라엘 내부 정치에 신경을 썼더라면, 그는 분명히 훌륭한 왕으로 인정받았을 것이다. 그러나 헌신이라는 단어를 너무 쉽게 생각하고 자아에 양다리를 걸친 결과 안타까운 실패의 아이콘이 되고 말았다.

이와 달리 몰입하고 헌신하는 삶의 결과가 어떤지 보여주는 예도 성경에 나와 있다. 야곱의 삶을 살펴보자.

창세기 30장에 보면 야곱은 라반과 비즈니스 계약을 맺게 된다. 32절 말씀은 삼촌의 양떼와 염소를 키우면서 자신의 분깃을 어떻게 가질 것인가에 대한 구두계약이다.

오늘 내가 외삼촌의 양 떼에 두루 다니며 그 양 중에 아롱진 것과 점 있는 것과 검은 것을 가려내며 또 염소 중에 점 있는 것과 아롱진 것을 가려내리니 이 같은 것이 내 품삯이 되리이다 (창 30:32)

쉽게 말하면 이런 말이다.

"삼촌, 앞으로 낳는 새끼들 중 점박이와 줄무늬는 제 것이고요. 나머지 것은 삼촌 겁니다."

그 후 야곱의 태도를 보라. 튼튼한 양의 눈 앞에는 가지를 두어 양이 그 가지 곁에서 새끼를 배게 하고 약한 양이면 가지를 두지 않는 식으로 일일이 작업해서 튼튼한 놈들만 자신의 것이 되게 했다.(창 30:41-42)

생각해보라! 수많은 양떼와 염소떼가 물을 먹으러 올 때마다 자신이 염두에 둔 토실토실한 양과 염소들이 거사를 치르는지 안 치르는지 살펴보기 위해 야곱은 개천의 물구유를 얼마나 집요하게 쳐다보았겠는가? 그것이 바로 그의 몰입과 헌신이었다. 창세기 30장 43절에서는 그 결과를 이렇게 표현하고 있다.

이에 그 사람(야곱)이 매우 번창하여 양 떼와 노비와 낙타와 나귀가 많았더라 (창 30:43)

'헌신'에 해당하는 히브리어 단어는 '네제르'이다. 네제르는 '봉헌, 헌신, 성별, 왕관, 면류관'이라는 의미로 사용되는데 우리가 잘 알고 있는 '나실인'이라는 단어가 여기에서 출발한다. 민수기 6장은 세상과 완전히 구별되어 자신의 모든 것을 철저히 하나님의 것으로 드리는 나실인에 관해 묘사하고 있다.

이것이 바로 하나님의 자녀인 우리가 해야 하는 헌신의 자세다. "지금 내가 하고 있는 그 일에 집중하겠습니다. 하나님께서 이 일을 지켜보시기에 나는 어떠한 타협이나 나태함도 허용하지 않겠습니다" 라는 신앙고백이 바로 '네제르' , 즉 '헌신'이라는 것이다.

하나님이 주신 비전이 있는가? 그럼에도 불구하고 초심을 잃은 채 내 욕심이 향하는 방향과 하나님의 비전 사이에 양다리를 걸치고 서 있었는가? 현재 당신의 삶에 땀과 집중과 노력이 없다면 그것은 당신이 헌신하지 않고 있다는 뜻이다. 하나님은 지금 그 분의 놀라운 비전을 위탁하기 위해 올바른 한 방향을 향해 헌신하고 몰입하는 나실인을 찾고 계신다.

생각해보기

1. 당신은 현재 목표를 위해 자신을 던지고 있는가?
2. 그렇지 않다면 목표를 제외한 일들 중에 버려야 할 것들이 있다는 뜻이다. 몰입을 위해 내 삶의 우선순위를 다시 한 번 확인해 보라.

27

 핑계는 하나님을 **후회**하게 만든다

티나 실리그 교수가 쓴 『스무 살에 알았더라면 좋았을 것들』이라는 책에
이런 내용이 있다.

스탠퍼드의 기계공학 교수인 버니 로즈는 강의 중 학생 한 명을 지목하여
교실 앞으로 나오게 했다. 그리고는 그 학생에게 "지금 내가 손에 쥐고 있는
이 물병을 빼앗으려고 '시도' 해보라" 고 말했다. 버니는 물병을 꽉 쥐고 있
고, 학생은 그 물병을 빼내려고 시도하는 것 같았지만 결국 빼내지 못했다.

그러자 이번에는 버니가 표현을 약간 바꿔서 "이 물병을 '빼앗아' 보라" 고
말했다. 학생은 아까보다 훨씬 더 열심히 물병을 빼내려고 노력하는 것 같
았다. 계속 실패하고 있었지만 그래도 버니는 학생에게 물병을 빼앗으라고
계속 자극하고 부추겼다. 대부분의 학생들은 세 번째 시도 즈음에서 물병을

빼앗는 데 성공하곤 한다.

이 실험이 전해주는 교훈은 무엇인가? 무언가를 '시도하는 것' 과 '실제로 그것을 행하는 것' 사이에는 커다란 차이가 존재한다는 것이다. 우리는 늘 무언가를 시도할 생각이라고 말한다. 살을 뺄 것이라고, 운동을 더 많이 할 것이라고, 취직을 할 것이라고, 앞으로 더 열심히 기도할 것이라고 말이다.

그러나 사실 결과를 따지고 보면, 그것을 하거나 하지 않거나 둘 중 하나다. 시도할 생각이 있다는 것은 핑계이고 도피일 뿐이다. 시도한다고 말만 할 것이 아니라, 실제로 노력을 집중하여 행동해야 한다. 확실하게 행동하지 않는다면, 목표를 이루지 못한 데 대한 책임은 전적으로 당신에게 있다.

이를 설명하기 위해, 버니 교수는 학생들에게 각자 제일 중요하다고 여기는 목표를 적고 그것의 달성을 방해하는 요소들을 모두 적어보라고 했다. 학생들은 방해가 되는 요소들을 적느라 꽤 오랜 시간을 소비한다. 학생들이 종이를 다 채우고 나면, 버니는 사실 그 리스트에 있어야 하는 것은 한 가지 뿐이며 그것은 바로 학생 자신의 이름이라고 말해준다.

가르쳐 주지 않아도 쉽게 배울 수 있는 것이 바로 '핑계' 다. 우리나라 속담에 '핑계 없는 무덤이 없다' 는 말도 있듯이 우리는 계획했던 일을 이루지 못하면 다른 사람을 탓하거나, 이러저러한 환경 때문에 내가 실패할 수밖에 없었다고 핑계를 댄다. 그 모든 핑계의 대상은 외부 요인들이다. 하지만 잘 살펴보면 모든 책임은 나에게 있다. 내 탓이다.

이스라엘 최초의 기름부음을 받은 왕이었던 사울이 쓸쓸하게 인생을 퇴장했던 이유가 무엇이었을까? 그것은 아마 그가 가진 열등감과 핑계 때문이었을 것이다.

열등감이 많은 사람의 특징 중 하나가 바로 핑계다. 앞서 살펴본 바와 같이 사울의 열등감은 왕의 자리에서 해야 될 마땅한 책무를 감당치 못하고 다윗의 뒤를 쫓아 죽이는 일에만 혈안이 되게 만들었다. 누구보다도 늠름한 청년이었던 사울이 찌질남으로 변해가는 모습은 애잔하기까지 하다.

아말렉과의 전투에서 승리하고 난 후 남아있는 것들을 모두 없애버리라는 하나님의 명령에 순종하지 않은 일로 인해 사무엘은 사울을 책망했다. 그때 이 찌질남의 핑계를 보라.

사울이 이르되 그것은 무리가 아말렉 사람에게서 끌어 온 것인데 백성이 당신의 하나님 여호와께 제사하려 하여 양들과 소들 중에서 가장 좋은 것을 남김이요 그 외의 것은 우리가 진멸하였나이다 하는지라 (삼상 15:15)

하나님은 그런 사울의 모습을 보고 후회했다고 말씀하고 있다.

내가 사울을 왕으로 세운 것을 후회하노니 (삼상 15:11 상)

내가 하는 작은 변명이 하나님을 후회하게 만들고 가슴 아프게 만든다. 하나님께 받은 위대한 비전과 사명을 이루는 데 있어 가장 큰 적은 바로 핑계와 변명을 일삼는 나 자신일 수 있다. 이제는 시도할 생각이었다고 핑계 대는 것을 멈추고 실제로 행동할 때이다.

생각해보기

1. 당신이 가장 자주 하게 되는 변명과 핑계는 무엇인가?

2. 시도하겠다고 말만 하고 행동하지 않던 일이 있는가? 이제 당장 행동하라.

28

 의지를 **협상** 테이블에 올리지 말라

의지는 '인생의 목표' 라는 과녁을 향해 날아가는 탄알이다. (내가 만든 명언이다!) 학벌, 집안, 재능과 같은 스펙은 성공에 어느 정도 도움을 줄 수는 있다. 하지만 스펙보다 훨씬 중요한 것이 바로 '의지' 다. 스펙을 총에 비유한다면 의지는 그 총의 탄알이다. 아무리 훌륭한 총이 있다 해도 그 안에 탄알이 없다면 총은 무용지물이 되어 버린다.

이런 인생이 우리 주변에 얼마나 많은가? 우월한 재능과 집안과 학벌은 있지만 그것은 단지 부모가 물려준 것일 뿐이다. 엄밀히 말한다면 남이 다 차려 놓은 밥상에 숟가락 하나 얹어 놓고 살아가는 인생이다.

의지 意志 에 가장 근접한 긍정의 표현은 '집념' 이다. 집념 執念 은 한 가지 일에만 달라붙어 정신을 쏟는 것을 의미한다. 즉 내가 이루고 싶은 목표에 집중하고 헌신하는 것이 바로 집념이다. 우리에게 이 집념이 없다면 목표에 근접한 삶까지는 살 수 있겠지만 목표를 멋지게 성취하는 삶은 도저히 살 수가 없다.

성경에 보면 자신의 딸이 귀신들려서 고통스러웠던 한 어미의 이야기가 나온다. (막 7:24-30) 귀신들린 딸을 가진 어미는 딸을 고치고자하는 절박한 목표를 가지고 예수님을 찾아간다. 그런데 예수님이 반응이 너무도 '시크' 했다. 아니, 그 여인을 완전히 무시했다.

자녀로 먼저 배불리 먹게 할지니 자녀의 떡을 취하여 개들에게 던짐이 마땅치 아니하니라 (막 7:27)

그런데도 그녀는 굽히지 않고 자신을 끝까지 낮추며 딸의 병을 고쳐달라고 예수님께 애걸복걸한다. 결국 예수님은 그 여인의 집념과 믿음을 보고 그녀의 딸을 고쳐 주셨다.

의지나 집념은 협상의 대상이 아니다. 우리는 너무나 쉽게 상황이라는 협상 테이블 위에 집념을 올려놓는다. 그리고 여러가지 이유와 합리성을 내세우며 목표를 포기한다. 내 인생이 지금까지 의미 없이 흘러왔다는 생각이 든다면 지금껏 내가 집념을 협상 테이블에 올려둔 것은 아닌지 생각해 보라. 끊임없이 나를 넘어뜨리려 하는 환경 앞에서 내가 가진 목표를 이루기 위해 새벽 미명에 일어나게 하는 힘이 바로 '의지' 혹은 '집념' 인 것이다.

예수님은 의지와 집념의 사나이였다. 신이지만 연약한 육신을 입고 오셨기에 십자가에 달려 돌아가시기 직전에 인간적인 갈등을 하셨다. 졸던 제자들에게 성질을 부리셨다. 자식들이 의리가 되게 없다고 혼을 내기도 하셨다. 굳이 신학적으로 해석하지 않아도 인간적인 관점에서 본다면 이는 두려움을 함께 나누지 못하는 의리 없는 녀석들을 향한 푸념임과 동시에 예수님 자신의 두려움의 표현이었을 것이다.

그러나 예수님은 감람산에서 최후의 기도를 하며 곧 마음을 추스리신다. 누가복음 22장 42절 말씀을 보자.

이르시되 아버지여 만일 아버지의 뜻이거든 이 잔을 내게서 옮기시옵소서 그러나 내 원대로 마시옵고 아버지의 원대로 되기를 원하나이다 하시니 (눅 22:42)

예수님은 기도를 함으로써 자신이 이 땅에 온 이유와 목적을 다시 생각하는 시간을 갖게 된다. 그것은 바로 하나님 아버지의 의지 will 이자 예수님이 처음부터 지니고 계셨던 뜻 purpose 이었다. 잠시나마 환경으로 인해 그 뜻을 포기하고 싶은 마음이 들었던 예수님은 무릎 꿇어 기도하는 가운데 하나님의 의지 will , 뜻 purpose , 계획 plan 을 마음 속에 다시 새기기 시작했다.

그러자 위대한 하나님의 뜻과 의지가 예수님의 마음에 있었던 집념에 다시금 불을 지펴 다시 활활 피어오르게 했다. 마침내 예수님은 포기하고픈 마

음이 '시험' 이었음을 깨닫고 산에서 내려오신다. (눅 22:46)

도전하고자 했던 마음이 사라졌는가? 거대한 장벽 앞에서 당신이 가졌던 목표를 포기하려 하는가? 이제 더 이상 당신의 의지와 집념을 협상 테이블 위로 가지고 나가지 말라. 패배의 습관과 타협하려는 순간 당신을 지탱하던 꿈은 당신 곁에서 한 발짝 멀어질 것이다.

생각해보기

1. 최근 당신이 주저하거나 포기한 일은 무엇인가? 혹 그런 사건에 항상 반복되는 패턴이 있지는 않은가?

2. 불굴의 집념과 의지를 발동시킬 만큼 당신의 목표와 비전은 분명한가?

29

 ## 위기 탈출 넘버원

사무엘상 21장 10절-22장 2절에 보면 사울왕으로부터 죽음의 위협을 받던 다윗이 가드 왕 아기스에게 피하는 장면이 나온다. 그런데 가드는 이스라엘 민족과 적대관계에 있는 나라였다. 그러니 아기스 왕이 다윗을 좋게 생각할 리 만무했다. 다윗은 이러한 위기의 상황 속에서 살아남기 위해 미치광이가 된 척을 한다.

그들 앞에서 그의 행동을 변하여 미친 체하고 대문짝에 그적거리며 침을 수염에 흘리매 (삼상 21:13)

다윗이 이렇게 행동한 데는 이유가 있었다. 바로 '살기 위해서' 였다. 그러면 왜 다윗은 미친 척까지 해가면서 살려고 했을까? 바로 자신이 '기름 부음을 받은 자' 였기 때문이다. 기름 부음을 받았다는 의미는 이제 그의 삶의 목표가 '왕' 이라는 것이다. 다윗의 마음 속에는 자의 반 타의 반 왕의 재목이라는 정체성이 형성되었다. 왕이 되는 과정이 결코 평탄치 않다는 사실을 알았지만 이 분명한 목표는 위기 앞에 선 다윗을 유연하게 만들었다.

상남자의 기질을 가진 사람이라면 '미친 척을 하느니 사나이답게 당당히 죽음을 선택해야지!' 라고 생각할 수도 있을 것이다. 하지만 블레셋 땅에서 맞이하는 죽음은 '순교' 가 아닌 '개죽음' 이다. 기름 부음을 받은 다윗에게는 블레셋 왕의 살해 위협조차도 단지 목표를 향해 나아가는 하나의 과정일 뿐이었다. 자존심을 세울 필요도, 자포자기할 필요도 없었다. 변화가 요구되는 상황에서 '유연함' 을 가지고 자신의 목표를 향해 나아가는 것! 이것이 다윗이 받은 훈련 가운데 하나였던 것이다.

분명한 목표는 사람을 적극적으로 움직이게 한다. 사무엘상 21장 13절과 14절을 보라.

그들 앞에서 그의 행동을 변하여 미친 체하고 대문짝에 그적거리며 침을 수염에 흘리매 아기스가 그의 신하에게 이르되 너희도 보거니와 이 사람이 미치광이로다 어찌하여 그를 내게로 데려왔느냐 (삼상 21:13~14)

다윗은 위기를 뛰어넘기 위해 대충이 아니라 완전히 미친놈이 되기로 작정한다. 확실히 미쳤다는 것을 보여주고자 자기 수염에다가 침까지 흘린다. 고대 근동 지역에서 남자의 수염은 인격과 성품, 권위에 대한 상징이었다. 그러므로 더러운 침을 자신의 인격, 성품, 권위에다 흘린다는 것은 엄청나게 파괴적인 돌출 행위였다. 100% 미치지 않고서는 할 수 없는 행동을 다윗이 지금 맨정신으로 하고 있는 것이다. 그 뿐 아니라 대문짝에 그적거리기까지 한다. '그적거린다' 는 것은 대문을 '긁는다' 는 의미와 더불어 '쾅쾅 치는' 의미까지 포함된다. 왕이 될 다윗이 맛이 간 사람의 대표적인 행동들을 모두 취합해서 적극적으로 보여주고 있는 장면이다.

"앞으로 20년 후에 당신은 저지른 일보다 저지르지 않은 일에 더 실망하게 될 것이다. 그러니 밧줄을 풀고 안전한 항구를 벗어나 항해를 떠나라. 돛에 무역품을 가득 담고 탐험하고, 꿈꾸며, 발견하라."

마크 트웨인의 말이다. 위기는 우리 삶에 늘 존재한다. 그것을 뛰어넘을 수 있는 힘은 '내 인생의 목표' 다. 목표가 분명한 사람은 위기 앞에서 '유연성' 과 '적극성' 을 발휘하여 마침내 꿈꾸던 곳에 다다를 수 있게 될 것이다.

생각해보기

1. 위기 앞에서 당신이 보이는 일반적인 반응은 무엇인가? 왜 그렇게 행동한다고 생각하는가?

2. 목표를 향한 유연성과 적극성을 키우기 위해서 지금 당신이 노력해야 될 것은 구체적으로 무엇인가?

30

 성공의 길목에는 실패가 있다

미국항공우주국 NASA의 후보자 채용 심사 시에 매우 중요하게 고려하는 요인 중 하나가 '실패해 본 경험'이라고 한다. '가능하면 많은 스펙을 쌓아 화려한 경력을 만들어야만 취업 기회를 붙잡을 판에 웬 실패 경험?'이라고 생각하는 사람이 많을 것이다.

하지만 그 이유를 들어보면 금방 고개를 끄덕일 수밖에 없다. 실패 경험이 없는 사람은 큰 어려움에 직면할 경우 금방 당황하거나 위축되어버린다. 반면에 실패를 해 본 사람은 중심을 잃지 않고 차분하게 대처할 가능성이 크기 때문이다. 실제로 다양한 분야에서 성공한 사람들의 이야기를 들어보면 그들이 거쳐 온 인생의 절반 이상은 크고 작은 실패로 가득 차 있는 경우가 많다. 이렇듯 실패는 성공을 원하는 자라면 반드시 겪고 넘어가야 할 과정인 것이다.

로버트 H. 슐러는 이렇게 말했다.

"실패는 당신이 아무것도 성취하지 못했다는 걸 의미하지 않는다. 당신이 무엇인가 새로 배웠음을 의미할 뿐이다."

실패에 대한 패러다임 전환이 필요하다는 말이다. 그 동안 실패를 한심하고 부정적인 단어로 혹은 두렵고 피하고 싶은 단어로 여겨 왔는가? 그랬다면 이 글은 당신을 위한 글이니 지금부터 두 눈 크게 뜨고 큰 소리로 읽으며 따라오기 바란다.

첫째, 실패에 대한 새로운 패러다임의 전환: "난, 아직 때가 되지 않았다!"

링컨은 대통령의 영예를 누리기까지 무수한 실패를 거듭했다. 1816년 가족파산, 1831년 사업실패, 1832년 주의회 의원 낙선, 1833년 사업 재실패, 1834년 약혼녀 사망, 1836년 신경쇠약으로 병원 입원, 1843과 1848년 하원의원 두 차례 낙선, 1854년과 1858년 상원의원 두 차례 낙선… 이렇게 실패할 때마다 두려움과 절망이라는 유혹이 링컨에게 다가왔다. 하지만, 그는 굴하지 않고 이렇게 말했다.

"더는 갈 곳이 없다는 엄청난 거짓 확신이 수없이 밀려왔다. 그때마다 내 지혜는 아직 때가 되지 않았다고 말했다."

결국 링컨은 실패와 두려움을 극복하고 1860년 미합중국의 대통령이 된다. 거듭되는 실패로 인해 두려움과 절망에 빠져 있는가? 그렇다면 그것은 '아직' 당신의 때가 되지 않았음을 의미한다. 아직 오지 않았기에 그 때는 분명히 온다. 어쩌면 바로 코앞에 다가왔을 수도 있다.

둘째, 실패에 대한 새로운 패러다임의 전환: "실패해도 위대하다!"

20세기를 마감하면서 영국의 BBC 방송은 여론 조사를 통해 '지난 1세기 최고의 탐험가 10인'을 선정했다. 그 가운데 특히 눈에 띄는 인물은 실패한 탐험가 어니스트 새클턴이었다. 그는 바로 '성공보다 더 위대한 실패'로 기록되는 '인듀어런스호 탐험 이야기'의 주인공이다.

1914년 8월, 영국인 탐험가 어니스트 새클턴이 이끄는 스물일곱 명의 대원은 세계 최초로 남극대륙 횡단에 나선다. 하지만 목적지를 불과 150km 남겨두고 그들 모두는 얼어붙은 바다에 갇히게 되었고, 곧 해빙이 되면서 배는 바다에 침몰하고 만다. 간신히 얼음 덩어리를 타고 표류하던 새클턴은 다섯 명의 선발대를 데리고 죽을 고비를 넘기며 탈출 루트를 개척하였고, 표류한 지 2년여 만에 마침내 전원 모두가 살아서 돌아오도록 이끌어낸 불굴의 리더십을 발휘한다.

이후 에베레스트를 세계 최초로 정복한 에드먼드 힐러리는 "재난이 일어나고 모든 희망이 사라졌을 때 무릎을 꿇고 새클턴의 리더십을 달라고 기도하라" 는 말을 남겼다.

기억하라. 성공만 위대한 것이 아니라. 실패 역시 성공으로 가는 첫 번째 계단이기에 충분히 위대할 수 있다. 아무것도 시도하지 않는 것이 진정 부끄러운 것이다.

셋째, 실패에 대한 새로운 패러다임의 전환: "실패에서 의미를 발견하라!"

2년 전에 『실패 껴안기』라는 책을 썼다. 지금까지 내가 살면서 경험한 일들, 대학교에서 강의한 자료, 설교문 등을 정리해서 만든 책이다. 그 책에서 나는 이런 말을 했다.

"나는 '실패' 로 만들어진 사람입니다. 인생을 살아오면서 한 번 만에 성공한 적이 거의 없었습니다. 그런데 그 실패를 제대로 껴안자 그것은 내 영혼의 성장을 위한 필수 영양소가 되었습니다. 실패를 제대로 껴안는 사람, 제대로 이해하는 사람은 그 안에 보석처럼 숨어 있는 하나님의 뜻을 발견하게됩니다. 실패는 결국 우리를 '형통' 의 계단으로 이끕니다."

안타깝게도 그 책 역시 제목 그대로 실패를 껴안고 말았다. 초판 1쇄 발행 후 절판된 것이다. 창피하냐고? 아니다! 그 책은 오랫동안 작가의 꿈을 품어

왔던 나에게 책을 쓰는 방법과 출판의 현실 등에 대해 큰 깨달음을 준 스승이 되었다. 심지어 내가 시무하는 은혜교회 내에서는 최고의 베스트셀러로 꼽힌다. 나는 내 책 『실패 껴안기』를 '축복 덩어리'로 부른다.

실패했는가? 괜찮다. 인생이란 경주는 끝까지 뛰어봐야 안다. 마지막 퇴장 때에 그 실패가 놀라운 성공으로 가는 과정이었다고 고백하기 위해 지금부터 다시 시작하라.

생각해보기

1. 당신이 경험한 최악의 실패는 무엇인가? 그것 때문에 위축되어 살고 있는가?
2. 당신은 실패한 것이 아니라 성공할 수 없는 한 가지 방법을 배운 것뿐이다. 다시 시작하라.

31

 실패에 대처하는 **지혜**

실패가 성공을 위한 성장통이라고 하면 이렇게 따지듯 묻는 사람들이 있다.

"목사님, 제 인생 만큼 실패로 가득 찬 인생은 없을 겁니다. 뭐든 했다 하면 실패해서 별명이 '마이너스의 손' 입니다. 그렇다면 저는 이제 성공할 가능성이 높은 건가요?"

이런 분들을 위해 분명히 짚고 넘어가자. 어린 시절에 잠시 겪어야 할 성장통을 평생에 걸쳐 겪는 사람을 본 적이 있는가? 만약 그런 사람이 있다면 지금 당장 전문의와 상담해 보길 바란다. 성장통이 아닌 관절염일 가능성이 높다. 잦은 실패, 지속되는 실패가 곧 성공으로 연결되는 것은 절대 아니다.

실패는 지혜롭게 해야 한다. 지혜로운 실패란 실패의 가능성을 최대한 줄이려는 노력을 의미한다. '실패는 성공의 어머니래. 그러니 나도 실패를 많이 해 보아야겠어' 라고 생각하며 앞뒤 가리지 않고 덤비는 사람은 평생 실패만 거듭하게 된다.

지혜롭게 실패하려면 첫째로는 내가 할 수 없는 일이 무엇인지 파악해야 한다. 오프라 윈프리는 이렇게 말했다.

"자신이 누구인지, 또 자신이 할 수 있는 일과 할 수 없는 일이 무엇인지 알아야만 최선의 능력을 발휘할 수 있다. 만약 할 수 없는 일에 발목을 잡혀서 더 높이 날아가지 못하는 상황이라면 그 할 수 없는 일이 무엇인지 파악하라. 그것이 할 수 있는 일을 아는 것보다 훨씬 중요하다."

얼굴이 자유분방한(?) 사람은 미스코리아가 되기 위해 칠전팔기 七顚八起 를 하면 안 된다. 실패를 하더라도 남들이 멋지다고 하는 꿈이 아니라 내가 잘 할 수 있는 일에서 실패해야 진짜 성장을 향해 나아갈 수 있다.

둘째로는 잘 포기하는 것도 중요하다. 모든 것을 쉽게 포기하라는 말이 아니라 포기해야 할 때는 잘 포기하는 것이 중요하다는 뜻이다. 다윗의 이야기를 들어보면 쉽게 이해가 될 것이다.

다윗은 사무엘을 통해 왕으로서 기름부음 받은 사람이었다. 그런데 그 앞에 여전히 사울왕이 있었다. 처음에 사울은 이스라엘 모든 지파의 신망을 받던 사람이었다. 성경의 행간을 읽어보면 심지어 유다지파 조차도 초기에는 다 윗보다 사울을 더 신뢰했다는 것을 알 수 있다.

그 때 다윗은 어떤 선택을 했는가? 지금 당장에 왕이 되는 것을 포기했다. 대신 도망자의 신세를 선택했고 도광양회 韜光養晦 의 시간을 보냈다. 즉 빛을 감추고 밖에 비치지 않도록 한 뒤, 어둠 속에서 은밀히 힘을 기른 것이다. 십 수 년간 다윗은 도망다니며 미친 척도 하고 산 속을 헤매기도 했다. 그 시기 동안 다윗의 주변에 사람들이 모이기 시작했고 자연스럽게 사울왕으로부터 등을 돌리는 지파들이 생겨났다. 결국에 다윗은 왕이 되었고 '하나님의 마음에 합한 자' 라는 영광스러운 평가를 받게 되었다. 포기에는 상당한 용기가 필요하다. 그러나 일단 깨끗하게 포기하고 나면 처음부터 다시 시작할 수 있다.

인생은 길지 않다. 그러기에 실패도 가능한 빨리 해보는 것이 중요하다. 나는 목회자이기에 교회를 건강하게 부흥시키고 성숙하게 만들 수 있는 방법에 대해 늘 고민하고 있다. 그때마다 마음 속에 이런 기준을 정해 놓는다.

"우리 교회에서 지금 할 수 있는 일은 무엇인가? 하고 싶지만 지금 여건상 할 수 없는 일은 무엇인가?"

다른 교회에서 성공했다는 프로그램을 무작정 따라하는 대신 내 교회의 환경과 상황을 고려해서 할 수 있는 것과 할 수 없는 것을 구분 짓는다. 그리고 난 뒤 할 수 없는 것은 가능한 빨리 포기한다. 그러면 할 수 있는 일에 훨씬 더 잘 집중할 수 있게 된다.

셋째로는 실패부터 생각하는 습관을 버려야 한다. 데일 카네기는 이렇게 말했다.

"행복한 일을 생각하면 행복해진다. 비참한 일을 생각하면 비참해진다. 무서운 일을 생각하면 무서워진다. 병을 생각하면 무서워진다. 실패에 대해서 생각하면 반드시 실패한다."

좋은 일을 생각하라는 것이다. 우리의 마음과 생각은 무언가를 잡아당기는 힘이 있다.

민수기 13장에 보면 가나안 땅을 정탐하러 갔던 12명의 정탐꾼들 중에서 여호수아와 갈렙만이 "그들은 우리의 밥이다" 라고 하며 긍정적인 보고를 했다. 결국 그들 중 여호수아와 갈렙만이 약속의 땅을 밟게 된다. 마음가짐에 따라서 태도가 달라지고 마침내 결과도 달라진 것이다.

등산을 하다 보면 길을 잃을 때가 있다. 한참 가다가 어느 순간 '이 길이 아닌 것 같은데 어쩌지?' 라는 느낌이 들기 시작한다. 그 때 어떤 선택을 할 것인가? 헷갈리면서도 지금껏 걸어온 시간이 아깝다는 이유로 계속 그 길을 따라 갈 것인가? 아니면 당장 걸음을 멈추고 다른 길을 찾아갈 것인가?

비전을 향해 나아가는 과정에서 우리가 맞닥뜨리는 실패는 이와 같다. 누구나 길을 잃게 될 수 있다. 그 때 내가 갈 수 있는 길과 길이 아닌 곳을 잘 파악해서 재빨리 새로운 루트를 찾아야 한다. 원래 가려고 했던 길에 미련을 두지 말고 새롭게 선택한 길에 확신을 가지고 앞으로 나아가야 한다. 하나님의 손 안에 있는 한 당신이 만난 실패는 성공으로 가는 길목에서의 짧은 방황일 뿐이다.

여호와께서 사람의 걸음을 정하시고 그의 길을 기뻐하시나니 그는 넘어지나 아주 엎드러지지 아니함은 여호와께서 그의 손으로 붙드심이로다 (시 37: 23~24)

생각해보기

1. 무수한 실패를 경험했음에도 불구하고 여전히 끊지 못한 일이 있는가? 혹시 그간 투자한 시간이 아까워서 그 일을 붙들고 있는가?

2. 만약 이 물음에 '예' 라고 대답했다면 그 일을 제외하고 당신을 행복하게 하는 일이 무엇인지, 당신이 잘 할 수 있는 일이 무엇인지 생각해 보라. 그리고 새롭게 결단하라.

3. 새로운 결단을 했으면 실패의 가능성은 생각하지 말라. 뒤돌아보지 말고 앞으로 나아가라.